现代化新征程丛书

隆国强　总主编

UPGRADING OF
"SWEET–POTATO ECONOMY"
PATH TO HIGH-LEVEL OPENING-UP

"地瓜经济" 提能升级

高水平对外开放的实现路径

朱卫江　主编

中国发展出版社
CHINA DEVELOPMENT PRESS

图书在版编目（CIP）数据

"地瓜经济"提能升级：高水平对外开放的实现路径 / 朱卫江主编 . —北京：中国发展出版社，2024.5

ISBN 978-7-5177-1417-0

Ⅰ. ①地…　Ⅱ. ①朱…　Ⅲ. ①区域经济发展 – 研究 – 浙江　Ⅳ. ①F127.55

中国国家版本馆 CIP 数据核字（2024）第 084337 号

书　　　名：	"地瓜经济"提能升级：高水平对外开放的实现路径
主　　　编：	朱卫江
责 任 编 辑：	雒仁生　王　沛　贾雅楠
出 版 发 行：	中国发展出版社
联 系 地 址：	北京经济技术开发区荣华中路 22 号亦城财富中心 1 号楼 8 层（100176）
标 准 书 号：	ISBN 978-7-5177-1417-0
经 销 者：	各地新华书店
印 刷 者：	北京博海升彩色印刷有限公司
开　　　本：	710mm × 1000mm　1/16
印　　　张：	13.5
字　　　数：	162 千字
版　　　次：	2024 年 5 月第 1 版
印　　　次：	2024 年 5 月第 1 次印刷
定　　　价：	78.00 元

联 系 电 话：	（010）68990630　68360970
购 书 热 线：	（010）68990682　68990686
网 络 订 购：	http://zgfzcbs.tmall.com
网 购 电 话：	（010）88333349　68990639
本 社 网 址：	http://www.develpress.com
电 子 邮 件：	370118561@qq.com

"现代化新征程丛书"
编委会

总主编
隆国强

副总主编
张　辉　　薛　澜　　周　波　　邹　磊　　朱卫江
吴红梅　　李晓华　　刘尚文　　陈　劲　　刘　庆

执行主编
王忠宏　　梁仰椿

编委（按照姓氏笔画排列）
马　斌　　王　勇　　王　维　　车海刚　　方晓霞
李霄飞　　沈　和　　张诗雨　　张录法　　岳宗伟
周世锋　　周健奇　　庞清辉　　徐东华　　高旭东
梁　正　　鲍　勇

联合编制单位

国研智库

中国社会科学院工业经济研究所

中共浙江省委政策研究室

工业和信息化部电子第五研究所（服务型制造研究院）

清华大学技术创新研究中心

清华大学人工智能国际治理研究院

上海交通大学国际与公共事务学院

上海交通大学健康传播发展中心

浙江省发展规划研究院

苏州大学北京研究院

江苏省产业技术研究院

中国大唐集团有限公司

广东省交通集团有限公司

行云集团

上海昌进生物科技有限公司

广东利通科技投资有限公司

总　序

党的二十大报告提出，从现在起，中国共产党的中心任务就是团结带领全国各族人民全面建成社会主义现代化强国、实现第二个百年奋斗目标，以中国式现代化全面推进中华民族伟大复兴。当前，世界之变、时代之变、历史之变正以前所未有的方式展开，充满新机遇和新挑战，全球发展的不确定性不稳定性更加突出，全方位的国际竞争更加激烈。面对百年未有之大变局，我们坚持把发展作为党执政兴国的第一要务，把高质量发展作为全面建设社会主义现代化国家的首要任务，完整、准确、全面贯彻新发展理念，坚持社会主义市场经济改革方向，坚持高水平对外开放，加快构建以国内大循环为主体、国内国际双循环相互促进的新发展格局，不断以中国的新发展为世界提供新机遇。

习近平总书记指出，今天，我们比历史上任何时期都更接近、更有信心和能力实现中华民族伟大复兴的目标。中华民族已完成全面建成小康社会的千年夙愿，开创了中国式现代化新道路，为实现中华民族伟大复兴提供了坚实的物质基础。现代化新征程就是要实现国家富强、民族振兴、人民幸福的宏伟目标。在党的二十大号召下，全国人民坚定信心、同心同德，埋头苦干、奋勇前进，为全面建设社会主义现代化国家、全面推进中华民族伟大复兴而团结奋斗。

走好现代化新征程，要站在新的历史方位，推进实现中华民族伟大复兴。党的十八大以来，中国特色社会主义进入新时代，这是我国发展新的历史方位。从宏观层面来看，走好现代化新征程，需要站在新的历史方位，客观认识、准确把握当前党和人民事业所处的发展阶段，不断推动经济高质量发展。从中观层面来看，走好现代化新征程，需要站在新的历史方位，适应我国参与国际竞合比较优势的变化，通过深化供给侧结构性改革，对内解决好发展不平衡不充分问题，对外化解外部环境新矛盾新挑战，实现对全球要素资源的强大吸引力、在激烈国际竞争中的强大竞争力、在全球资源配置中的强大推动力，在科技高水平自立自强基础上塑造形成参与国际竞合新优势。从微观层面来看，走好现代化新征程，需要站在新的历史方位，坚持系统观念和辩证思维，坚持两点论和重点论相统一，以"把握主动权、下好先手棋"的思路，充分依托我国超大规模市场优势，培育和挖掘内需市场，推动产业结构优化和转型升级，提升产业链供应链韧性，增强国家的生存力、竞争力、发展力、持续力，确保中华民族伟大复兴进程不迟滞、不中断。

走好现代化新征程，要把各国现代化的经验和我国国情相结合。实现现代化是世界各国人民的共同追求。随着经济社会的发展，人们越来越清醒全面地认识到，现代化虽起源于西方，但各国的现代化道路不尽相同，世界上没有放之四海而皆准的现代化模式。因此，走好现代化新征程，要把各国现代化的共同特征和我国具体国情相结合。我们要坚持胸怀天下，拓展世界眼光，深刻洞察人类发展进步潮流，以海纳百川的宽阔胸襟借鉴吸收人类一切优秀文明成果。坚持从中国实际出发，不断推进和拓展中国式现代化。党的二十大报告系统阐述了中国式现代化的五大特征，即中国式现代化是人口规模巨大的现代化、是全体人民共同富裕的现代化、是物质文明和精神文明相协调的现代化、是人与自然和谐共生的现代化、是走和平发展道路的现代化。中国式现代化的五大特征，反映出我们的现代化新征程，是基于大国经济，按照中国特色社会主义制度的本质要求，实现长期全面、绿色可持续、和平共赢的现代化。此外，党的二十大报告提出了中国式现代化的本质要求，即坚持中国共产党领导，坚持中国特色社会主义，实现高质量发展，发展全过程人民民主，丰富人民精神世界，实现全体人民共同富裕，促进人与自然和谐共生，推动构建人类命运共同体，创造人类文明新形态。这既是我们走好现代化新征程的实践要求，也为我们指明了走好现代化新征程的领导力量、实践路径和目标责任，为我们准确把握中国式现代化核心要义，推动各方面工作沿着复兴目标迈进提供了根本遵循。

走好现代化新征程，要完整、准确、全面贯彻新发展理念，着力推动高质量发展，加快构建新发展格局。高质量发展是全面建设社会主义现代化国家的首要任务。推动高质量发展必须完整、准确、全面贯彻新发展理念，让创新成为第一动力、协调成为内生特点、绿色成为普遍形态、开放成为必由之路、共享成为根本目的，努力实现高质量发展。同时，还必须建立和完善促进高质量发展的一整套体制机制，才能保障发展方式的根本性转变。如果不能及时建立一整套衡量高质量发展的指标体系和政绩考核体系，就难以引导干部按照新发展理念来推进工作。如果不能在创新、知识产权保护、行业准入等方面建立战略性新兴产业需要的体制机制，新兴产业、未来产业等高质量发展的新动能也难以顺利形成。

走好现代化新征程，必须全面深化改革、扩大高水平对外开放。改革开放为我国经济社会发展注入了强劲动力，是决定当代中国命运的关键一招。改革开放以来，我国经济社会发展水平不断提升，人民群众的生活质量不断改善，经济发展深度融入全球化体系，创造了举世瞩目的伟大成就。随着党的二十大开启了中国式现代化新征程，需要不断深化重点领域改革，为现代化建设提供体制保障。2023 年中央经济工作会议强调，必须坚持依靠改革开放增强发展内生动力，统筹推进深层次改革和高水平开放，不断解放和发展生产力、激发和增强社会活力。第一，要不断完善落实"两个毫不动摇"的体制机制，充分激发各类经营主体的内生动力和创新活力。公有制为主体、多种所有制经济共同发展是我国现代化建设的重要优势。推动高质量发展，需要深化改革，充分释放各类经营主体的创新活力。应对国际环境的复杂性、严峻性、不确定性，克服"卡脖子"问题，维护产业链供应链安全稳定，同样需要为各类经营主体的发展提供更加完善的市场环境和体制环境。第二，要加快全国统一大市场建设，提高资源配置效率。超大规模的国内市场，可以有效分摊企业研发、制造、服务的成本，形成规模经济，这是我国推动高质量发展的一个重要优势。第三，扩大高水平对外开放，形成开放与改革相互促进的新格局。对外开放本质上也是改革，以开放促改革、促发展，是我国发展不断取得新成就的重要法宝。对外开放是利用全球资源全球市场和在全球配置资源，是高质量发展的内在要求。

知之愈明，则行之愈笃。走在现代化新征程上，我们出版"现代化新征程丛书"，是为了让社会各界更好地把握当下发展机遇、面向未来，以奋斗姿态、实干业绩助力中国式现代化开创新篇章。具体来说，主要有三个方面的考虑。

一是学习贯彻落实好党的二十大精神，为推进中国式现代化凝聚共识。党的二十大报告阐述了开辟马克思主义中国化时代化新境界、中国式现代化的中国特色和本质要求等重大问题，擘画了全面建成社会主义现代化强国的宏伟蓝图和实践路径，就未来五年党和国家事业发展制定了大政方针、作出了全面部署，是中国共产党团结带领全国各族人民夺取新时代中国特色社会主义新胜利的政治宣言和行动纲领。此套丛书，以习近平新时代中国特色社会主义思想为指导，认真对标对表党的二十大报告，从报告原文中找指导、从会议精神中找动力，用行动践行学习宣传贯彻党的二十大精神。

二是交流高质量发展的成功实践，释放创新动能，引领新质生产力发展，为推进中国式现代化汇聚众智。来自20多家智库和机构的专家参与本套丛书的编写。丛书第二辑将以新质生产力为主线，立足中国式现代化的时代特征和发展要求，直面各个地区、各个部门面对的新情况、新问题，总结借鉴国际国内现代化建设的成功经验，为各类决策者提供咨询建议。丛书内容注重实用性、可操作性，努力打造成为地方政府和企业管理层看得懂、学得会、用得了的使用指南。

三是探索未来发展新领域新赛道，加快形成新质生产力，增强发展新动能。新时代新征程，面对百年未有之大变局，我们要深入理解和把握新质生产力的丰富内涵、基本特点、形成逻辑和深刻影响，把创新贯穿于现代化建设各方面全过程，不断开辟发展新领域新赛道，特别是以颠覆性技术和前沿技术催生的新产业、新模式、新动能，把握新一轮科技革命机遇、建设现代化产业体系，全面塑造发展新优势，为我国经济高质量发展提供持久动能。

"现代化新征程丛书"主要面向党政领导干部、企事业单位管理层、专业研究人员等读者群体，致力于为读者丰富知识素养、拓宽眼界格局，提升其决策能力、研究能力和实践能力。丛书编制过程中，重点坚持以下三个原则：一是坚持政治性，把坚持正确的政治方向摆在首位，坚持以党的二十大精神为行动指南，确保相关政策文件、编选编排、相关概念的准确性；二是坚持前沿性，丛书选题充分体现鲜明的时代特征，面向未来发展重点领域，内容充分展现现代化新征程的新机遇、新要求、新举措；三是坚持实用性，丛书编制注重理论与实践的结合，特别是用新的理论要求指导新的实践，内容突出针对性、示范性和可操作性。在上述理念与原则的指导下，"现代化新征程丛书"第一辑收获了良好的成效，入选中宣部"2023年主题出版重点出版物选题"，相关内容得到了政府、企业决策者和研究人员的极大关注，充分发挥了丛书服务决策咨询、破解现实难题、支撑高质量发展的智库作用。

"现代化新征程丛书"第二辑按照开放、创新、产业、模式"四位一体"架构进行设计，包含十多种图书。其中，"开放"主题有"'地瓜经济'提能升级""跨境电商"等；"创新"主题有"科技创新推动产业创新""前沿人工智能"等；"产业"主题有"建设现代化产业体系""储能经济""合成生物""绿动未来""建设海洋强国""产业融合""健康产业"等；"模式"主题有"未来制造"等。此外，丛书编委会根据前期调研，撰写了"高质量发展典型案例（二）"。

相知无远近，万里尚为邻。丛书第一辑的出版，已经为我们加强智库与智库、智库与传播界之间协作，促进智库研究机构与智库传播机构的高水平联动提供了很好的实践，也取得社会效益与经济效益的双丰收，为我们构建智库型出版产业体系和生态系统，实现"智库引领、出版引路、路径引导"迈出了坚实的一步。积力之所举，则无不胜也；众智之所为，则无不成也。我们希望再次与大家携手共进，通过丛书第二辑的出版，促进新质生产力发展、有效推动高质量发展，为全面建成社会主义现代化强国、实现第二个百年奋斗目标作出积极贡献！

隆国强

国务院发展研究中心副主任、党组成员

2024 年 3 月

序　一

中国式现代化需要"三大法宝",那就是改革、开放、创新。开放是改革和创新的基础或者前提条件。改革的动力往往来自开放,更大的开放才能倒逼改革。同样,创新更需要开放,没有开放就没有真正意义上的创新。事实上,在过去的数十年里,中国内部的现代化和外部的全球化两股力量相向而行、互相促进、互相强化。这种互相强化效应使得我们用40年左右的时间走完了西方国家用150多年甚至更长时间所走的路。

今天,作为世界第二大经济体,中国的供应链、产业链都已经延伸出去,我们要的开放是推进围绕规则、规制、管理和标准的高水平开放。我们要深刻认识到,规则的制定权已成为国际竞争的核心,中国最有效的应对方法就是不仅聚焦投资贸易的数量和质量、技术升级创新等传统问题,更要注重话语权和规则问题,强化规则就是生产力的意识,继续和国际规则对接,在此基础上参与规则制定,在参与的基础上,争取规则制定权。只有在市场型开放的基础上实现制度型开放,才能走出一条以开放、创新驱动的高质量发展之路。

作为开放大省的浙江,秉持"走遍千山万水、说尽千言万语、想尽千方百计、吃尽千辛万苦"的"四千精神",抓住经济全球化的重要机遇,以创新市场和资源"两头在外"的发展模式,推动浙江经济在开放中拔地而起、茁壮生长,不仅形成了富有特色的"地瓜经济",而且一直起到引领作用。当前，浙江如何扮演好实现省域现代化的先行者？我认为就是要推动在原有"地瓜经济"基础之上的提能升级，通过高水平"引进来"和高质量"走出去"，打造地域嵌入型的世界级经济平台，更好深度融入全球经济合作与交流。

无论从世界经济发展的经验看还是从我们自身的需要看，以制度型开放融入世界经济，是我们在新征程中推进中国式现代化的必由之路。我们要依托我国超大规模市场优势，以国内大循环吸引全球资源要素，增强国内国际两个市场两种资源的联动效应，提升贸易投资合作质量和水平。稳步扩大规则、规制、管理、标准等制度型开放，争取国际话语权和掌握规则制定权，变被动为主动，让中国真正与国际社会和市场接轨，这是中国实现现代化，成为社会主义现代化强国的关键。

《"地瓜经济"提能升级》一书不仅是对浙江以往成功经验的简约总结，更是对浙江省域现代化未来路径的研究与展望。

郑永年

香港中文大学（深圳）教授、前海国际事务研究院院长

序 二

　　开放带来进步，封闭必然落后。人类的历史就是在开放中发展的，任何一个民族的发展都不能只靠自身的力量，只有处于开放交流之中，经常与外界保持经济文化的吐纳关系，才能得到发展，这是历史的规律。习近平总书记深刻把握经济全球化发展大势，在浙江工作期间就将"提高对内对外开放水平"纳入"八八战略"①，创新提出"地瓜理论"②"立足全局发展浙江、跳出浙江发展浙江"③等重要思想。"地瓜理论"是对开放发展的形象描述，是发展理念和发展模式的深刻变革，是引领浙江经济精彩蝶变的关键一招，集中体现了习近平经济思想在浙江的萌发与生动实践。

　　20 年来，浙江循着"地瓜理论"的指引，抓住经济全球化的重要机遇，发扬敢为天下先的精神，"不等、不看、不靠、不要"，"走遍千山万水、说尽千言万语、想尽千方百计、吃尽千辛万苦"，创新市场和资源"两头在外"发展模式，勇敢到世界市场的汪洋大海中搏击，像地瓜藤蔓一样延伸，从推动产品出口，到海外设厂，再到建设境外园区，在全世界汲取更多阳光、雨露和养分，在开放发展的道路上探路

---

　　① 习近平：《干在实处 走在前列——推进浙江新发展的思考与实践》，中共中央党校出版社，2013 年版，第 71 页。

　　② 哲欣：《在更大的空间内实现更大发展》，《浙江日报》2004 年 8 月 10 日，第 1 版。

　　③ 本书编写组：《干在实处 勇立潮头——习近平浙江足迹》，浙江人民出版社，人民出版社，2022 年版，第 135 页。

先行，实现了浙江经济与全球经济水乳交融，走出了一条内源驱动、外向拓展、内外联动的发展路子，形成了"三个浙江"——省域的浙江、中国的浙江、全球的浙江的有机统一。

"地瓜经济"是充分利用国内国际两个市场、两种资源，在全球更大范围内获得资源要素的配置能力、提升产业链供应链发展水平的发展模式。这种模式有机结合了浙江内源发展的个性特点与开放发展的普遍规律，体现了国内国际双循环相互促进、共同提升的发展理念，充分彰显了习近平总书记的远见卓识和战略思维，极大拓展了中国特色社会主义市场经济的发展空间。

当前，世界之变、时代之变、历史之变正以前所未有的方式展开，我国发展进入战略机遇和风险挑战并存、不确定难预料因素增多的时期。党的二十大报告提出，坚持高水平对外开放，加快构建以国内大循环为主体、国内国际双循环相互促进的新发展格局。这是以习近平同志为核心的党中央根据我国新发展阶段、新历史任务、新环境条件作出的重大战略决策。我们理解，"地瓜经济"提能升级清晰标定了"块茎"和"藤蔓"的主次关系、"壮大块茎"和"汲取养分"的目标路径关系、"走出去"和"引进来"的辩证统一关系，与构建新发展格局是一脉相承、一体贯通的，其核心主要是坚持互利共赢、互促共进，不断扩大高水平对外开放，深度参与全球产业分工和合作，拓展中国式现代化的发展空间，推动人类文明新形态建设。

面对新征程新形势新任务，我们更要树牢开放理念、放大开放格局、强化开放导向、打造开放平台、拓宽开放网络、提升开放能级，聚焦拓市场、优布局、聚资源、引人才、强总部五大主攻方向，加快市场相通、产业相融、创新相促、规则相联，大力推动开放型经济水平、双循环战略枢纽地位、制度型开放体系"三个再提升"，研究实施全球投资贸易发展计划，加快构建高水平开放新格局，形成更具韧性、更具活力、更具竞争力的"地瓜经济"，以更高水平的开放推动新质生产力高质量发展，在现代化先行中谱写浙江新篇章。

朱卫江

2024 年 3 月 5 日

目　录

第一章

立足新发展阶段
推动"地瓜经济"提能升级

改革开放以后相当长时间内，我国发挥劳动力等要素低成本优势，抓住经济全球化的重要机遇，充分利用国际分工机会，参与国际经济大循环，取得了经济发展的重大成就。浙江作为改革开放先行地，在长期实践中，走出了一条市场和资源"两头在外"的新路子，形成了富有特色的"地瓜经济"。

进入新发展阶段，国内外环境深刻变化，世界百年未有之大变局加速演进，经济全球化遭遇逆流，全球产业链供应链价值链深度调整，国际经贸规则加速重构，全球经济原有供需循环受到干扰甚至被阻断。面对外部环境变化带来的新矛盾新挑战，2020 年以来，党中央提出要加快构建以国内大循环为主体、国内国际双循环相互促进的新发展格局，赋予了"地瓜经济"新的时代内涵和使命任务。

本章在深入总结浙江"地瓜经济"发展历程和成效的基础上，着眼新阶段新形势新挑战新机遇，深入分析了"地瓜经济"提能升级的内涵特征，并进一步梳理概括了"地瓜经济"提能升级的体系构架。

第一节　"地瓜经济"的浙江实践

一、"地瓜理论"的提出

习近平同志刚到浙江工作时，浙江经济正经历阵痛。经过 20 多年的高速发展，先发优势不再，资源约束加剧，陆域小省的发展局限开始凸现。2002 年 12 月 2 日，习近平同志在浙江省经济贸易委员会调研时明确指出，现在有很多民营企业家到外省去，首先我们不能人为地限制他们，而且他们到外边去也未必是坏事，企业做大做强后都有个扩张的需求，无可厚非。出任浙江省委书记刚一个月，习近平同志就来到民营经济先发地区台州、温州调研，深入浙江民营经济的"肌理血脉"。在德力西集团调研时，习近平同志鲜明提出，浙江省委、省政府支持他们"走出去"，不仅要去抢占全国市场，还要去抢占国际市场。此后，习近平同志又在多地调研中强调，"要高度重视企业外迁、资金外流的利弊；在市场经济条件下，生产要素的优化配置和跨区域流动，是一个必然的规律""浙江经济要跳出浙江发展浙江，浙江企业要走出浙江发展自己""企业'走出去'，是在更大范围内配置资源的需要，是在更大空间内实现更大发展的需要。对此，一定要正确认识，积极推动，乐观其成"。①

2004 年 2 月，在浙江民营经济工作会议上，习近平同志明确提出，

---

① 本书编写组：《干在实处 勇立潮头——习近平浙江足迹》，浙江人民出版社，人民出版社，2022 年版，第 131–135 页。

实现民营经济新飞跃，就是要着力推进"五个转变"，实现"五个提高"，其中之一就是"从主要依靠国内资源和国内市场，向充分利用国际国内两种资源、两个市场转变，提高民营经济的外向化水平"①。同年3月19日，习近平同志推动召开了浙江省第一次对外开放工作会议②，出台《关于进一步扩大开放的若干意见》，提出必须把扩大对外开放放到全局的战略高度，进一步增强紧迫感和责任感，并提出坚持对外和对内开放相结合，全面提高开放水平；坚持扩大开放与深化改革相结合，以开放促改革促发展；坚持"引进来"和"走出去"相结合，积极参与国际竞争与合作。

2004年8月10日在《浙江日报》的"之江新语"专栏中，习近平同志用笔名发表了《在更大的空间内实现更大发展》一文，第一次提到了"地瓜理论"，鼓励浙江的民营企业"必须跳出浙江发展浙江，在大力引进各种要素的同时打到省外去、国外去，利用外部资源、外部市场实现更大的发展。"

正是基于"只有'跳出去'，才能天高地阔，获取更大发展空间，只有'走出去'，才能任尔翱翔，激发更为持续的发展动力"的深刻洞察，习近平同志提出了"立足全局发展浙江，跳出浙江发展浙江"③的著名论断，统一了全省开放发展新思想。

---

①   浙江省习近平新时代中国特色社会主义思想研究中心：《习近平新时代中国特色社会主义思想在浙江的萌发与实践》，浙江人民出版社，2022年版，第6页。

②   拜喆喆：《越是形势复杂，越要主动开放》，《浙江日报》2023年5月30日，第2版。

③   本书编写组：《干在实处 勇立潮头——习近平浙江足迹》，浙江人民出版社，人民出版社，2022年版，第135页。

二、"地瓜经济"的浙江实践

20 年来，浙江循着"地瓜理论"的指引，抓住经济全球化的重要机遇，创新市场和资源"两头在外"发展模式，从推动产品出口到海外设厂，再到建设境外园区，促进浙江经济与全球经济水乳交融，形成了富有特色的"地瓜经济"。2023 年，浙江进出口总额达到 4.9 万亿元，其中出口 3.57 万亿元，规模跃居全国第二，占全国份额达 15%，有进出口实绩民营企业数量首次突破 10 万家；实际使用外资 202 亿美元，位居全国第四；对外直接投资备案额（中方投资额）168 亿美元，较上一年增长 29.1%。纵观 20 年发展历程，主要可以分为三个阶段。

（一）突破发展阶段（2003—2012 年）

2001 年 12 月中国加入世界贸易组织，这是中国改革开放以来面临的开放环境的重大变化。为了抓住扩大开放新机遇，应对经济全球化新挑战，时任浙江省委书记的习近平同志指出："我们必须把深化改革与对外开放有机结合起来，化压力为动力，化挑战为机遇，以开放促改革促发展。要在管理体制、运行机制、工作方式等方面继续加快改革，紧紧抓住新一轮国际资本和产业转移的机遇，抓住世界科技革命带来的产业结构调整升级的机遇，抓住接轨上海、参与长三角经济合作与发展的机遇，把浙江的区位优势转化为对外开放优势，把体制优势转化为国际竞争优势，把特色经济优势转化为出口优势，在发展开放型经济上实现新突破。"[1]

---

[1] 习近平：《干在实处 走在前列——推进浙江新发展的思考与实践》，中共中央党校出版社，2013 年版。

2003 年，时任浙江省委书记的习近平同志作出重要战略部署：将开放纳入"八八战略"，提出"跳出浙江发展浙江"①的重要思想。2004 年 3 月，浙江省召开第一次全省对外开放工作会议，出台《中共浙江省委、浙江省人民政府关于进一步扩大开放的若干意见》。2008 年，在国际金融危机背景下，浙江省委、省政府快速反应并出台一系列政策措施。2009 年，浙江省委、省政府出台《关于进一步扩大开放加快提升经济国际化水平的若干意见》，推动外经贸发展方式转变。

2003—2012 年，浙江对外贸易迅速发展，保持了 22.3% 的年增长率，出口先后突破 1000 亿美元、2000 亿美元，位次上升至全国第三；全省累计引进外资项目 34308 个，实际使用外资 1018.4 亿美元，年均增长 21.0%。"走出去"上升为国家战略，境外中方投资额从 0.15 亿美元增长到 38.9 亿美元，年均增长 65.7%。开放平台加快发展，先后获批 8 个海关特殊监管区，开发区整合提升稳步推进。

（二）多向拓展阶段（2013—2017 年）

2013 年秋，习近平总书记先后提出共建"丝绸之路经济带"和"21 世纪海上丝绸之路"重大倡议②（即"一带一路"倡议）。2015 年 5 月，习近平总书记考察浙江，强调"干在实处永无止境，走在前列要谋新篇"，明确提出希望浙江"努力在提高全面建成小康社会水平上更进一步，在推进改革开放和社会主义现代化建设中更快一步，继续发挥先行和示范作用"③。浙江全面落实习近平总书记重要指示精神，坚持

---

① 本书编写组：《干在实处 勇立潮头——习近平浙江足迹》，浙江人民出版社，人民出版社，2022 年版，第 135 页。

② 张明华：《共建"一带一路"推动合作共赢》，《光明日报》2018 年 9 月 11 日，第 6 版。

③ 周咏南、应建勇、毛传来：《一步一履总关情——习近平总书记在浙江考察纪实》，《浙江日报》2015 年 5 月 30 日，第 1 版。

把"走出去"与"引进来"紧密结合起来，把"立足浙江"与"跳出浙江"有机统一起来，把"浙江经济"与"浙江人经济"真正融合起来，在国内国际区域竞争与合作中构筑对内对外开放新格局。一是全面优化全省开放布局。建设以宁波－舟山为核心的"海上门户"，以杭州为龙头的"网上丝绸之路"战略枢纽，以温州、台州为龙头的民企民资参与"一带一路"建设先行区等四大开放战略高地，同时以义甬舟开放大通道带动浙江全域开放。二是努力抢占全球产业链有利地位。积极落实国家有关推动出口的政策，大力调整出口产品结构，提高出口产品附加值和出口产品竞争力。积极引导"块状经济"及相关企业开展产业链的国际合作，在重点地区或城市设立研发、创意设计、营销等机构，参与国际同行的兼并重组，在国外目的地市场建设生产基地，切实打造若干个有较强影响力的国际性产业集群。顺应国际产业转移呈现研发、制造、现代服务联动和融合的新趋势，大力发展服务外包，带动浙江服务业现代化、专业化、国际化。大力吸引国外企业和机构，尤其是国外行业和地区级的商务推广机构、国外著名投资、研发、咨询机构入驻浙江。鼓励浙江省的骨干企业和科研单位到国外设立研发设计机构。三是把"浙江经济"和"浙江人经济"的发展结合起来。进一步发挥浙江民营经济发达的优势，结合推进民营经济创新发展，继续鼓励民营经济"走出去"，不但要把劳动密集型产业转移到我国中西部，还要大胆地转移到发展中国家。同时，要更加积极地"引进来"，在浙江发展高附加值、高技术产业和新兴产业。四是大力提升国际影响力。举全省之力办好二十国集团（G20）领导人杭州峰会，大幅提升国际影响力；世界电子贸易平台（eWTP）被写入 G20 公报，在马来西亚吉隆坡、杭州等地相继落地；成功举办四届世界互联网大会。2017 年挂牌成立中国（浙江）自由贸易试验区，重点开展以油品为核心的大宗商品中转、加工贸易、保税燃料油供应、装备制造、航空制造、国际海事服务、国际贸易和保税加工等业务。

2013—2017年，外贸"优进优出"战略初显成效，浙江省的高新技术产品出口额年均增长7%以上；与"一带一路"共建国家和地区的贸易额占全省比重在30%以上。贸易新业态快速发展，在全国首创市场采购贸易方式，2017年出口达278亿美元，占全省出口比重为9.8%。服务贸易规模进入全国第一方阵，2017年进出口总额突破500亿美元。利用外资重质提效，全省高新技术产业实际外资年均增速22.7%。"走出去"和"引进来"协调发展，对"一带一路"共建国家和地区的投资占比31.6%。境外经贸合作园逐步发挥服务企业"走出去"的重要作用，全省开行第一列中欧班列。截至2017年，浙江全方位、多层次、宽领域的对外开放平台体系基本形成。

（三）深化开放阶段（2018—2022年）

2018年5月，浙江省委再次召开全省对外开放大会，部署在新时代新起点上推进开放强省建设。2020年4月1日，习近平总书记在浙江考察期间听取浙江省委、省政府工作汇报后，对浙江各项工作予以肯定，要求"改革开放要不断深化"时，专门提到"我在浙江工作时提出过一个'地瓜理论'就要求坚持跳出浙江发展浙江，发挥浙江独具的多个战略叠加优势，以更大力度推进全方位高水平开放，夯实长远发展的基础"。浙江明确提出当好学习践行习近平总书记对外开放重要思想的"模范生"，坚持以"一带一路"建设为统领，构建全面开放新格局，不断提高对外开放的质量和发展的内外联动性，以开放的扩大推动改革的深化，以开放的主动赢得发展的主动。一是努力打造"一带一路"重要枢纽。实施打造"一带一路"枢纽行动计划，全面增强枢纽功能，更好服务国家"一带一路"建设。大力推进舟山江海联运服务中心和义甬舟大通道建设，加快实现"一带一路"和长江经济带双向贯通、联动发展。在做好"硬联通"的同时，大力加强标准化"软联通"，实施标准国际化重大项目建设，不断增强标准的国际影响力和话语权。积极推进宁波"一带一路"建设综合试验区发展，加快建设中国 – 中东欧"16+1"经贸合作示范区，创建制造模式先进的全球精准合作示范基地，积极谋划、分步建设"一带一路"境外系列站。二是持续调整优化省域开放发展布局。在全球大格局中找准四大都市区的定位，深入实施国际化战略，支持杭州建设独具韵味、别样精彩的世界名城，支持宁波建设国际港口名城，支持温州建设国际时尚智城，支持金义都市区建设国际商贸名城、影视文化之都。 三是全力发展更高水平的国际贸易和投资。深入实施多元化战略和国际竞争力提升战略，千方百计巩固提升市场份额。深入推进外贸发展方式转变，加快培育以技术、标准、品牌、质量、服务为核心的贸易竞争新优势。首创"订单＋清单"监测预警系统，建立有效应对中美经贸摩擦的体制机制。四是加快建设新时代高能级开放平台。浙江自由贸易试验区在全国率先实现赋权扩区，在油气全产业链实现集成式改革赋权，新设立杭州、宁波、金义片区，形成"一区四片"发展格局。同年，国家服务业扩大开放综合试点成功落地杭州，新增5个国家特色服务出口基地，杭州、宁波分列国家服务外包示范城市综合评价第4、第7。2022年成功举办首届全球数字贸易博览会，召开自由贸易试验区高质量提升发展大会，"链长制"改革试点在全国复制和推广。

2018—2022 年，在国际形势日益复杂、国际竞争不断加剧的情况下，浙江对外贸易稳中有进，进出口总额从28519.2 亿元增长到

46836.3亿元，年均增长13.2%。2022年进出口规模居全国第3位，占全国比重由9.3%升至11.1%，其中出口额从21182.1亿元增长到34325.4亿元，年均增长12.8%，高于全国4.4个百分点，占全国比重由12.9%升至14.3%。尤其是在2020—2022年新冠疫情持续的情况下，三年间浙江出口额依旧保持了9.1%、19.7%、14.0%的正增长。进口额从7337.2亿元扩大到12511.2亿元，年均增长14.3%。服务贸易进出口总额由3814.4亿元增长到5091.2亿元，年均增长7.5%，占全省进出口总额的10.9%。引进外资平稳增长，全省实际利用外资年均增长13.5%，总量升至全国第5。对外投资合作平稳发展，浙江对外实际投资规模跃升至全国第2，在全球产业链价值链中的地位更加凸显。浙江自贸试验区建设取得历史性突破，累计形成制度创新成果477项。跨境电商快速发展，年均增长54.9%。中欧（义新欧）班列开行6420列，年开行数量居全国第3。截至2022年底，全省经济开发区增加至134家，其中国家级经济技术开发区22家，覆盖全省11个地市，数量位居全国第2。

（四）提能升级阶段（2023年起）

2023年是"八八战略"实施20周年。20年来，"八八战略"的指引和实践，给之江大地带来了翻天覆地的变化。在"八八战略"实施20周年之际，习近平总书记再次亲临浙江考察，要求浙江"在深化改革、扩大开放上续写新篇""以服务全国、放眼全球的视野来谋划改革，稳步扩大规则、规制、管理、标准等制度型开放""主动适应国际经贸规则重构走向，在服务业开放、数字化发展、环境保护等方面先行先试"[1]。

---

[1] 《在深化改革扩大开放上续写新篇——三论学习贯彻习近平总书记考察浙江重要讲话精神》，《浙江日报》2023年10月1日，第2版。

新征程上，续写好"八八战略"这篇大文章，必须在新的更高起点上，推动创新、改革、开放实现更大突破，全面激发活力、增添动力、提升创新力竞争力，努力构筑高质量发展新优势。浙江省委高规格召开深入实施"八八战略"强力推进创新深化改革攻坚开放提升大会、"地瓜经济"提能升级"一号开放工程"大会，强调将以开放提升持续擦亮天下浙江的鲜明标识，着眼构建全方位全要素、高能级高效率双循环，高质量参与"一带一路"建设，主动参与国际竞争和合作，打造国内大循环战略支点、国内国际双循环战略枢纽，更好服务和融入新发展格局，以开放纾发展之困、汇合作之力、聚创新之势，不断续写开放新篇章，再创新辉煌。

三、"地瓜经济"给浙江带来巨大变化

浙江是资源小省，"七山一水二分田"，人均耕地不足全国平均水平的一半，能源总量不多，市场有限。20年来，历届省委、省政府坚持一张蓝图绘到底，深刻把握"地瓜理论"的思想内核，秉持"走遍千山万水、说尽千言万语、想尽千方百计、吃尽千辛万苦"的"四千精神"，像地瓜藤蔓一样延伸，在全世界汲取着更多阳光、雨露和养分，推动浙江经济在开放中拔地而起、茁壮生长，走出了一条内源驱动、内外联动的发展路子，形成了"三个浙江"——省域的浙江、中国的浙江、全球的浙江的有机统一，锻造了浙江经济的强大韧性和澎湃动力。浙江生产总值从2002年的8000亿元跃升到2023年的8.26万亿元，连续30年稳居全国第4位；人均生产总值从2000美元提高至1.77万美元，高于世界银行最新高收入经济体门槛标准。一般公共预算收入从567亿元提高至8600亿元，居全国第3位。开放经济省域贡

献度全国领先，进出口总额占全国比重从 6.8% 提高至 11.7%，居全国第 3 位。

开放大省地位更加突显。加快外贸强省建设，大力开展"千团万企"拓市场行动，着力巩固传统市场，更大力度开拓新兴市场，外贸进出口规模居全国第 3 位，与全球 230 多个国家（地区）建立贸易往来。实际使用外资规模居全国第 5 位。对外实际投资规模跃升至全国第 2 位。连续五年获得国务院稳外贸督查激励。

平台载体能级加速提升。浙江自由贸易试验区在全国率先实现赋权扩区，实施自由贸易试验区八大提升行动。发挥经济开发区在招大引强、稳定外贸中的主平台作用，在全国首创开发区"链长制"，制造业利用外资占全省比重提升至 60%，国家级境外经贸合作区数量全国第一。提升发展综合保税区等海关特殊监管区，增强加工制造、研发设计、检测维修等功能。办好世界互联网大会乌镇峰会、中国 – 中东欧国家博览会等重大展会，全球数字贸易博览会升格为国家一类展会。

内外开放通道全面建立。构建海陆天网"四位一体"互联互通格局。"义新欧"中欧班列年开行量跻身全国前三，连通亚欧大陆 51 个国家和地区，成为具有较强影响力的陆路国际物流枢纽。实施世界一流强港建设工程，做强宁波舟山港"硬核"力量，拓展国际航线网络，截至 2023 年宁波舟山港年货物吞吐量连续 15 年位居全球第一。加快建设通达全球的航空物流网，建成亿人次级国际化空港门户，实现旅客吞吐量和货邮吞吐量大幅提升。

制度型开放稳步扩大。全面推进杭州服务业扩大开放综合试点有关工作，高质量完成 97 项试点任务。深化金融、教育等重点领域开放，持续推动本外币一体化资金池试点，深入推进中外合作办学高质量发展改革创新试验区建设。发挥自由贸易试验区先行先试作用，承接《数字经济伙伴关系协定》（DEPA）规则试点任务，加快开展数字经济高水平开放压力测试。对标《全面与进步跨太平洋伙伴关系协定》（CPTPP）等高标准国际经贸规则，加快探索电子商务、知识产权保护等领域改革。

第二节　"地瓜经济"提能升级的内涵特征

一、"地瓜经济"提能升级的时代背景

推进"地瓜经济"提能升级，是对开放发展中遇到的外部环境变化、发展挑战增加、改革攻坚问题叠加作出的积极应对，从而正视挑战，把握机遇，提振信心。

纵观全球，经济全球化势头受阻，世界经济低迷态势明显。世界百年未有之大变局正加速演变，新一轮科技革命和产业变革带来的国际竞争日益激烈，气候变化、疫情防控等全球性问题对各国造成的影响前所未有。特别是受新冠疫情及俄乌冲突影响，欧美国家和地区发生 40 年来前所未有的通货膨胀，对世界贸易形成明显冲击，世界经济持续增长动力不足。同时，全球产业链、供应链、价值链重塑加快，国际贸易投资规则博弈加剧，贸易摩擦及经济问题政治化现象加剧，全球市场低迷，主要经济体的衰退风险有所增加。

再看国内，要素禀赋制约愈加明显，发展面临的问题和挑战仍然突出。土地和劳动力资源的稀缺，在削弱制造业成本优势的同

时，给吸引或留住投资增加了难度。服装鞋帽等传统优势产业转型升级任务艰巨，数字经济等特色优势产业供应链安全挑战加剧，光伏、绿色石化、生物医药等新兴优势产业的产业链主导能力亟待提高。

从根本上看，大力推动"地瓜经济"提能升级，是一个国内生产力、世界生产力与开放型生产关系、经济基础与上层建筑持续互动、不断改革和促进的渐进式过程，是适合中国发展开放型生产力的实践创新和道路选择。

二、"地瓜经济"提能升级的理论分析

"地瓜经济"理论在其形成过程中，既继承与发展了马克思主义政治经济学，在实践中不断得到检验和发展，又对西方经济学中的经济发展理论进行突破，创造了马克思主义政治经济学的新时代语境。"地瓜经济"提能升级是指坚持高水平"走出去"与高质量"引进来"有机统一，推动省内经济、国内经济与海外经济深度融合、提升发展，加快向更好利用两个市场、两种资源转变，加快由"贸行天下"向"产行天下""智行天下"跃迁，加快向制度型开放拓展，打造更具韧性、更具活力、更具竞争力的"地瓜经济"。

（一）"地瓜经济"提能升级是国际分工理论的新发展

随着生产力的发展，国内分工不能满足生产的需要，因而以世界市场需求为中心的国际分工出现，并逐渐形成了以发达国家为主导的分工格局。经过多年的发展，世界市场不断扩张，参与主体不断增加，以中国为代表的新兴发展中国家迅速崛起，原有的世界分工格局被打破，世界呈现多极化发展趋势。"地瓜经济"提能升级，不仅蕴含了发

挥比较优势、积极参与国际分工、大力发展对外贸易的要求，而且包含了攀升全球价值链新台阶、培育国际经济竞争与合作新优势的战略目标，是马克思主义国际分工理论的深化与拓展。

（二）"地瓜经济"提能升级是对外开放理论的新发展

在我们处于实现小康社会和全面小康社会的阶段时，"地瓜经济"的视野主要是聚焦如何利用国外的资源与市场，推动国内经济贸易体制改革以适应国际经济贸易潮流和国际经贸体制。今天，我们已经成长为国际贸易和跨境投资大国，比历史上任何时期都更接近中华民族伟大复兴的中国梦，"地瓜经济"提能升级的立足点进一步提升至引领世界经济潮流、塑造和完善国际经济体制，形成陆海内外联动、东西双向互济的开放格局，为开放型世界经济探索发展创新的经验，努力塑造各国发展创新、增长联动、利益融合的世界经济秩序，坚持维护和发展开放型世界经济。

（三）"地瓜经济"提能升级是对外关系理论的新发展

身处"一荣俱荣、一损俱损"的全球化时代，协调合作是必然选择，互利共赢是发展之道。"地瓜经济"提能升级，强调的是"共赢"的理念，即通过主动作为、适度管理，顺应大势、结合国情，正确选择融入经济全球化的路径和节奏，同时讲求效率、注重公平，让不同国家、不同阶层、不同人群共享经济全球化的好处。特别是在世界经济持续下行、增长动力不足、经济全球化深度调整、生态环境恶化等世界性危机面前，"地瓜经济"提能升级更加注重充分挖掘自身比较优势，把"你无我有""你有我强"的优势最大程度地发挥出来，以共赢理念，促进双方资源实现更优配置，做大共赢"蛋糕"，各国携手构建人类命运共同体。

三、"地瓜经济"提能升级的本质要求

推动更高水平开放是发展所需，更是主动作为。过去 20 年，浙江从产品"走出去"，到企业"走出去"，再到产业园区"走出去"，浙江经济在国内国际双循环当中持续做大，成为中国改革开放的典型代表。但实现从大到强，从追赶者到并行者再到引领者，从过去的"世界工厂"更大程度迈向"世界市场"，还需要跋山涉水，需要更加坚定开放的脚步，打造更具韧性、活力、竞争力的"地瓜经济"。

（一）推动实现市场相通

相通则共进，相闭则各退。当今世界正在变成一个日益密切的整体，各国分工协作、互利共赢是长期趋势。"地瓜经济"提能升级的内涵，首先在于更大范围、更宽领域、更深层次提高开放型经济水平，以更加积极主动的姿态走向世界。要建设统一开放高效的大市场，促进国内国际市场相通，逐步形成物流、资金流、商贸流、信息流、数据流等自由流动的国内统一的大流通市场。要充分利用中欧班列、陆海丝绸之路，自由贸易试验区、自由贸易港等交通枢纽的作用，打通国内国际流通中的堵点和痛点，打造具有国际影响力的国际市场，构建全球供应链流通体系，促进国内国际双循环、两个市场相通并共同发展。

（二）推动实现产业相融

产业发展对于任何一个国家来说都是至关重要的，它不仅是立国之本，更是强国之基。当前，全球产业链供应链格局正向区域化、多元化调整，导致各国竞争日趋激烈。在全球价值链融入过程中，我国产业链供应链核心竞争力不断增强，在全球产业链供应链中的地位持

续攀升，但部分核心环节和关键技术仍受制于人。"地瓜经济"提能升级的核心是加快建设实体经济、科技创新、现代金融、人力资源协同发展的现代化产业体系，进一步推动产业基础向高级化、产业链向现代化、价值链向高端化的方向发展，努力提升我国产业链、供应链现代化水平。

（三）推动实现创新相促

从经济发展过程来看，科技创新不仅能够有效促进产业结构的转型升级，更能有效地推动国内国际双循环层次和范围的优化发展，为更好依靠国内市场，实现经济发展提供动力基础。"地瓜经济"提能升级，要充分发挥创新这个关键变量在畅通国内国际经济双循环中的重要作用，聚焦国家的战略性需求、安全发展、国计民生等领域，布局一批国家制造业创新中心，加强基础研究和应用基础研究，加快掌握关键核心技术，不断提升产业链供应链韧性和安全水平。

（四）推动实现规则相联

加快国内制度规则与国际接轨，构建更高水平开放型经济新体制，完善更加开放包容的政策和制度体系，促进商品、要素与服务在全球实现自由流动和最优配置，这既是培育我国参与国际合作竞争新优势的客观需要，也是当前国际经贸规则发展的必然趋势。当前，国际经贸规则已进入加速重构期，高标准贸易投资规则在美、欧、亚等全球主要区域正在通过新的区域贸易协定全面推进。"地瓜经济"提能升级的主攻方向，就是准确把握和对照高标准国际经贸规则发展的新趋势，对标国际贸易投资先进标准与做法，主动推动我国与国际规则体系相衔接和融合，主动参与全球经济治理机制的建设，这样才能在国际经贸规则博弈中占据主动地位，形成更高水平的对外开放新格局。

第三节 "地瓜经济"提能升级的理论架构

经济全球化使得每个国家的发展空间都不是一个孤岛，相反，世界成为一个息息相关的共同体，要系统且全方位地与世界接轨。因此，对外开放不是一个单向的过程，而是一个双向开放、双向融通、内外互促的循环。"地瓜经济"提能升级是在扩大开放实践中提出和发展的新方向，其基本逻辑是壮硕地瓜块茎、发达地瓜藤蔓、通畅养分传导，即强主体、聚资源、优环境。一方面，依托国内大循环吸引全球商品和资源要素，打造新的国际合作和竞争优势；另一方面，依托国内国际双循环，强化开放合作，更加紧密地同世界经济联系互动，提升国内大循环的效率和水平。因此，"地瓜经济"提能升级要统筹内源发展与对外开放、外向拓展，坚持以我为主，充分利用国内国际两个市场、两种资源，努力实现主动开放、公平开放、全面开放、共赢开放，在扩大开放过程中做大发展"蛋糕"。

一、"地瓜经济"提能升级的基础是提升市场融通能力

发挥我国超大规模市场优势，构建以国内大循环为主体的国内国际双循环，是应对外部环境不稳定性、不确定性困扰，增强对外开放主动性的有力举措。这就需要将国内与国际两个市场发展综合起来考虑，解决国内市场与国外市场如何联通、共同发展的问题，在完善"国内大循环"的基础上，推动构建"国内国际双循环"，不断提升对

外开放度。

新征程上，要把握国内统一大市场建设、国内国际双循环新发展格局构建中的重要机遇，促进内外需、进出口和双向投资的协调发展，在打通国内国际双循环堵点上蓄势发力。"地瓜经济"提能升级，就是要以国内大循环为主体，以扩大内需为战略基点，以扩大高水平对外开放为主要抓手，以"内循环"支撑"外循环"，以"外循环"带动"内循环"，两者相得益彰、相互促进。

二、"地瓜经济"提能升级的重点是提升资源要素全球配置能力

资源全球配置和生产要素全球流动，推动了经济全球化的发展——资本的无限扩张开创了经济全球化，并且推动着经济全球化的发展，成为经济全球化形成与发展不可或缺的动力因素。资源在世界范围内的配置和生产要素在全球内的流动能够让资源得到更有效的利用，最大限度地发挥自身功能和作用，能够促使世界经济结构得到全面调整，进而创造更多财富，不断地提高经济全球化的程度。

新征程上，要正确认识我国与其他各国的资源配置情况，主动锚定"为我所需"的优质资源要素，掌握资源"生命线"，依托国内大循环吸引全球商品和资源要素，重塑国际合作和竞争新优势，进一步增强定价权和话语权。"地瓜经济"提能升级，就是要"海纳百川"，广泛集聚人才、资金、信息、数据、市场等方面要素，引进更多先进理念、成熟模式和创新技术，建设多元平衡和安全高效的全面开放体系，提升对全球优质资源要素的汇聚能力及配置能力。

三、"地瓜经济"提能升级的关键是提升产业链自主可控能力

百年变局和疫情交织叠加，经济全球化遭遇逆流，产业链供应链区域化、本地化特征更趋明显，外部不确定性、不稳定性上升，必须把满足国内需求作为经济发展的立足点，使生产、分配、流通、消费更多依托国内市场形成良性循环，形成参与国际合作和竞争新优势。要构建多元化的产业链供应链，在国际市场的复杂局面中保持自身韧性，能够更加自主地迎接风险和挑战。中国经济经过几十年的发展，在产业链和供应链上已经形成了较为稳定的发展模式，占据国际分工中的重要位置。但受到新冠疫情、俄乌冲突、单边主义和保护主义等因素的影响，供应链和产业链稳定受到巨大冲击。

新征程上，要统筹经济发展与经济安全，在促进市场活跃、经济增长的同时，强化底线思维，完善经济风险预警机制、风险防控与救济体系建设，高度重视供应链安全。"地瓜经济"提能升级，就是要着重审视产业链供应链的发展状况，在扩大对外经济发展中，疏通堵点、连接断点，多向度聚合发力赋能产业链，全面提升在国际合作中的参与度、连接度和影响力，进一步提高产业链供应链的畅通性和稳定性。

四、"地瓜经济"提能升级的方向是提升制度型开放水平

从商品和要素流动型开放到制度型开放的发展转变，是我国从自身发展实践出发的历史必然选择，也是我国顺应经济全球化发展变化的主动作为。在全面建设社会主义现代化国家的新发展阶段，推动制度型开放已经成为今后一个时期我国更高水平开放的重要战略举措。

当前，世界经济进入"规则重塑期"，发达国家不断通过修改贸易规则来强化自己在国际贸易规则中的主导地位，我们只有积极参与新一轮国际贸易规则的讨论和制定，才能不断增强制度性话语权。

新征程上，要推进国内开放领域的制度建设，加快与国际通行规则对标，稳步推动规则、规制、管理、标准等制度型开放，增强在国际大循环中的话语权。"地瓜经济"提能升级，就是要充分利用国内国际两个市场、两种资源，更加紧密地同世界经济联系互动，通过与世界的理念互动、政策互动、领域互动促进双循环的高效运行，以此形成中国国际合作与竞争新优势。

五、"地瓜经济"提能升级的支撑是提升双循环枢纽功能

构建新发展格局，双循环枢纽功能至关重要。通过国内国际两个市场的相互促进、相互补充，改变过多依赖外贸出口的传统路径，打破过于依赖对外贸易的经济发展模式，打造国内大循环的生产节点、流通节点、消费节点，构建国内国际双循环的要素链接、产能链接、市场链接，建设具有世界聚合力的双循环枢纽。这当中，畅通国内循环是主体和前提，畅通国际循环是支撑和保障。通过畅通国内国际双循环，积极打通堵点、接通断点，不断创新吸引外资、扩大开放的新方式新举措，畅通国内国际市场供需循环。

新征程上，要把实施扩大内需战略同深化供给侧结构性改革有机结合起来，打通国内国际两个市场，以国内大循环为主体、国内国际双循环相互促进，以此形成对全球要素资源的强大吸引力、在激烈国际竞争中的强大竞争力、在全球资源配置中的强大推动力。"地瓜经济"提能升级，就是要发挥国内超大规模市场的优势，通过创新驱动、高

质量供给引领和创造新需求，加快营造国际一流营商环境，强化精准制度创新和有效制度供给，深化"一带一路"经贸合作，使国内市场和国际市场更好联通，在服务全国构建新发展格局中争取更大发展主动、拓展更大发展空间。

第二章
提能升级的基础：提升市场融通能力

　　市场是全球最稀缺的资源，贸易是配置资源最有效的手段。一国要成为贸易强国，市场强是必要条件。要坚持把实施扩大内需战略同深化供给侧结构性改革有机结合起来。一方面稳固和扩大国内循环基本盘，有效挖掘内需潜力，加快构建完整内需体系和全国统一大市场；另一方面撬动和带动国际循环，创新服务贸易开放模式，努力开拓多元国际市场，加快向全球价值链中高端迈进，更好利用国内国际两个市场、两种资源，推动有效需求和有效供给、消费和投资、内需和外需、自立自强和开放合作良性互动和高水平动态平衡，构筑国际合作和竞争新优势，为推进中国式现代化建设提供重要支撑。

第一节 扩大外需，开拓多元国际市场

一、开拓多元国际市场战略意义重大

市场是全球最稀缺的资源，国际市场是国内市场的延伸。开拓多元国际市场，畅通国际大循环，深度对接国际分工体系，无疑成为拓展我国发展空间的"不二法门"。

（一）开拓多元国际市场是应对百年变局的关键一招

近几年，个别西方国家大肆推行单边主义，力图重建一个"去中国化"的世界经济新体系。随着经济全球化的加快和国际产业分工的深化，各国经济关联度大大加强，新一轮的国际产业大转移将进一步重塑全球产业合作格局，产业间国际分工逐步被产品内国际分工所取代。面对波谲云诡的国际形势，面对发展机遇和挑战的深刻变化，我国必须更好地利用国内国际两个市场、两种资源来发展自己，坚定不移向全球产业链价值链中高端迈进，努力构建以国内大循环为主体、国内国际双循环相互促进的新发展格局，积极塑造国际合作和竞争新优势。

（二）开拓多元国际市场是支撑全面复兴的必由之路

尽管经济全球化遭遇逆流，单边主义、保护主义不断抬头，但经济全球化的发展大势并未改变。中国是经济全球化的受益者，通过有效利用国际市场和国际资源，取得了举世瞩目的改革发展成就。20世纪80年代以来，经济全球化进程加速，世界各国各地区间的分工贸易联系更加紧密，包括中国在内的一批新兴经济体迅速崛起，成为推动世界经济增长的新引擎。现在的中国经济早已深度融入国际贸易与分工体系，货物贸易进出口规模多年来连创新高，中国早在 2013 年就已成为全球货物贸易第一大国，与世界上很多国家保持着紧密的产业关联和相互依存关系。可以说，中国国内生产的顺利运转离不开国际产业链、供应链的协同配合，必须深度融入国际大循环，共建"一带一路"，以开放纾发展之困、以开放汇合作之力、以开放聚创新之势。

（三）开拓多元国际市场是增进人民福祉的客观要求

开放是人类文明进步的重要动力，是谋共享之福的重要路径。无论是货物贸易还是服务贸易、出口还是进口，都与人民生活息息相关。当前，我国社会主要矛盾已经转化为人民日益增长的美好生活需要和不平衡不充分的发展之间的矛盾，这是关系全局的历史性变化，人民群众对物质文化生活、民主法治、安全环境等方面提出了更高要求。要通过推进高水平对外开放，扩大高质量产品和服务进口，更好满足人民群众不同层次、不同领域的消费需求；通过更好吸引外资和对外投资、推动外贸稳规模优结构，创造数量更多、质量更优的就业机会，继续发挥进出口对经济的支撑作用；通过优化区域开放布局，促进要素有序流动和资源合理配置，实现更平衡更充分的发展。

（四）开拓多元国际市场是提高发展质量的必然选择

高质量发展是新时代的硬道理，推进中国式现代化是最大的政治。对外贸易是我国开放型经济的重要组成部分，是经济增长的"三驾马车"之一。当前，我国发展面临新的战略机遇、新的战略任务、新的战略阶段、新的战略要求、新的战略环境，经济高质量发展面临的国际环境更趋复杂严峻，必须牢牢抓住高水平对外开放带来的新机遇，更好统筹国内循环和国际循环。开拓多元国际市场，更积极主动地参与国际循环，形成全方位、多层次、多元化的开放合作格局，有利于充分汲取新一轮科技革命和产业变革的成果，引导国内产业提质增效和提能升级，实现更加强劲、更可持续的高质量发展。

二、浙江开拓多元国际市场的实践和成效

"十四五"以来，浙江坚持稳中求进总基调，千方百计稳外贸优外资，持续打好"稳拓调"组合拳，深度融入全球经济，加大对外贸主体的支持力度，培育对外贸易新业态新模式，对外贸易规模能级迈上新台阶，实现从"外贸大省""开放大省"到"开放强省"的转变，书写了浙江全方位、多层次、宽领域的对外开放壮丽篇章。特别是在世界经济普遍走弱情况下，浙江顶住外需低迷、价格下跌等多重压力，稳外贸政策持续显效，展现了浙江作为外贸大省的担当和韧性，为全国出口实现正增长发挥了关键作用。2023 年，浙江外贸刷新多项纪录，全年进出口总额达 4.90 万亿元，较上年增长 4.6%，其中出口 3.57 万亿元，增长 3.90%，全国份额升至第二；进口 1.33 万亿元，增长 6.7%，首次跻身全国前五。

（一）顺应大势、强化优势，贸易结构持续优化

浙江以三个"一号工程"为总牵引，实施好"十项重大工程"，推动浙江开放发展向更高层次跃升，"地瓜藤蔓"伸向全世界，得以分享全球化"光合作用"的红利。持续强化一般贸易优势，一般贸易出口从 2012 年的 1.53 万亿元发展到 2022 年的 4.68 万亿元、增长 2.05 倍，2023 年一般贸易出口占比高达 78.1%。持续优化

市场结构，2023 年浙江对"一带一路"共建国家出口占浙江出口的 49.7%、增长贡献率 119.6%，东盟超过美国，稳居浙江第二大贸易市场。持续推动产品创新，2023 年浙江"新三样"产品出口超 1400 亿元，规模是 5 年前的 6.3 倍，成为出口高质量发展的主要拉动力量之一。

（二）创新驱动、数字赋能，新业态模式持续涌现

跨境电商最早发源于浙江、壮大于浙江，从 2013 年首个跨境电子商务产业园在杭州开园运行，到 2015 年全国首个跨境电子商务综合试验区获批，再到 2021 年率先实现跨境电商综试区全省域覆盖，浙江的跨境电商规模稳居全国前列，2023 年全省跨境电商进出口 5129.3 亿元，通过海关跨境电商平台出口 1798.3 亿元，同比增长 47.8%，占外贸比重达到 10%，约占全国的 1/6，位列全国第 2 位。同时，浙江大力推动数字贸易、市场采购贸易等新业态发展，目前浙江海外仓总面积 968 万平方米，占全国的 1/3，覆盖全球 51 个国家 155 个城市。2023 年，浙江市场采购出口 4707.3 亿元，同比增长 11.6%。

（三）陆海联动、能级提升，开放平台拓展发展新空间

充分发挥自由贸易试验区、宁波舟山港、综合保税区等高能级开放平台带动作用，加快推进陆海内外联动发展。一是大力推进自由贸易试验区建设。聚焦油气、数字、枢纽、商贸、营商环境五个方面，纵深推进产业开放赋权、空间布局拓展和制度型开放，打造对外开放新高地。二是大力推进一流强港建设。2023 年，宁波舟山港货物和集装箱吞吐量超 13.2 亿吨、3530 万标箱，国际航运中心发展指数排名跃居全球第 9。三是大力推进"义新欧"中欧班列创新发展。截至 2023 年底，"义新欧"中欧班列累计往返开行 6100 余列，已

开通至 18 个方向国际货运直达班列线路，2023 年开行 2380 列、进出口集装箱货物 19.7 万标箱，分别同比增加 6.1% 和 5.7%。四是大力推进世界小商品之都建设。义乌成为浙江省首个市场经营主体破 100 万的县级市，发布全球支付平台 Yiwu Pay，与全球 400 多家银行达成合作，标志着全球最大的小商品集散中心拥有了自己的全球支付渠道。

（四）民营发力、协调共进，跑出全国外贸发展"加速度"

从 2021 年起，浙江逐年发布开放指数，以 2018 年开放水平为基准，2023 年该项指标为 119.9，增长 4.7，其中杭州、宁波、嘉兴位列前三。外资、外贸等重要开放指标顶住压力、好于预期、领跑东部。第三届中东欧博览会促成中东欧商品采购订单首超 100 亿元，其间共签约外资项目 62 个，总投资 177.8 亿美元。民营企业参与外贸数量达到新高，2023 年全省有进出口实绩的民营企业首次突破 10 万家，其中有出口实绩的首超 9 万家，居全国首位。全国每 5 家民营出口企业中，就有一家是浙江企业。浙江面向欧美、日韩、东盟、拉美等重要经贸伙伴，大力实施"千团万企拓市场增订单"行动，助力外贸企业拿订单拓市场。

三、新征程上开拓多元国际市场的政策思考

锚定加快建设贸易强国目标，升级货物贸易，创新服务贸易，发展数字贸易，以数字化绿色化为方向，夯实货物、服务、数字贸易"三大支柱"，进一步提升国际分工地位，加快向全球价值链中高端迈进。

（一）提升外贸发展质量水平

夯实货物贸易基础，大力开拓多元国际市场，积极拓展中间品贸易，进一步优化贸易结构，推动贸易绿色发展和全链条数字化转型。加快培育新动能，大力发展数字贸易，促进跨境电商持续健康发展，推进市场采购贸易方式发展，加快离岸贸易、海外仓等业态发展，提升海外仓专业化、规模化、智能化水平。做强做优国家数字服务出口基地，在数字服务市场准入、国际规则对接、跨境数据流动、数据规范化采集和分级分类监管等方面先行先试，培育科技、制度双创新的数字贸易集聚区。积极主动扩大进口，拓展多元进口渠道，让中国大市场成为世界共享的大机遇。

（二）推动开放平台提质升级

大力实施自贸试验区提升战略，推动优势产能、优质装备、适用技术和标准"走出去"，构建面向全球的高标准自由贸易区网络。以高质量实施《区域全面经济伙伴关系协定》（RCEP）为抓手，用好用足已签署自贸协定的优惠政策，积极推进加入《全面与进步跨太平洋伙伴关系协定》（CPTPP）和《数字经济伙伴关系协定》（DEPA），推动与更多国家和地区商签自贸协定，进一步扩大"朋友圈"。高水平建设开放平台，办好进博会（中国国际进口博览会）、广交会（中国进出口商品交易会）、服贸会（中国国际服务贸易交易会）、数贸会（全球数字贸易博览会）等重要展会，发挥好中国－东盟博览会、中阿博览会、中国－南亚博览会、中非经贸博览会等区域性展会作用，加强中国－上合组织、中国－马来西亚等合作示范区建设。

（三）加强国际物流体系建设

推动中欧班列率先探索国际贸易运输方式创新变革，激活西部陆海通道，持续推动国际贸易多式联运发展，加快完善"通道＋枢纽＋网络"现代物流体系。高水平建设国际物流大通道，高质量推进国际贸易物流方式变革，加强国内多式联运"一单制"规则与国际市场应用认证的衔接，加快形成内畅外联、安全高效的国际贸易物流网络。

（四）提升风险防范化解能力水平

捍卫对外贸易合法权益，加强对外沟通磋商，用好中美商务部沟通交流机制及中欧、中日出口管制对话机制等平台，争取扩大合作面、缩小分歧点。完善多主体协同应对工作机制，稳妥做好贸易摩擦应对工作。通过在世界贸易组织（WTO）提起诉讼等法律手段捍卫合法权益，进一步维护我国对外贸易安全。

第二节　创新模式，推动服务贸易开放

一、推动服务贸易开放正当其时

习近平总书记强调，要创新服务贸易发展机制，加快建设贸易强国[1]。当前，服务贸易在全部贸易中的占比提升，是世界贸易结构性变化的大趋势。大力发展服务贸易已成为一国国际贸易和开放型经济整体格局优化提升的重要方向。

（一）我国服务贸易规模创历史新高

从全球来看，全球贸易格局面临重大调整，国际服务贸易进入

---

[1]　习近平：《高举中国特色社会主义伟大旗帜　为全面建设社会主义现代化国家而团结奋斗——在中国共产党第二十次全国代表大会上的报告》，《人民日报》2022年10月26日，第1版。

全新发展阶段，货物贸易整体增速不断下滑，服务贸易虽然占比小，但增速较快。据世界贸易组织（WTO）统计，2022年全球服务出口71270.6亿美元，同比增长14.8%，占全球货物和服务贸易出口总额的22.3%。从我国来看，从增设服务业扩大开放综合试点到全面深化服务贸易创新发展试点，再到举办服贸会等，我国持续深化服务业对外开放，服务贸易保持较快增长。2023年，我国服务贸易稳中有增、规模创历史新高，进出口总额65754.3亿元，同比增长10%，服务贸易逆差为12041.1亿元，远远超过绝大多数的发达经济体。

（二）服务贸易成为国际贸易竞争的新领域

在国际服务贸易中，金融、运输、电信、知识产权交易、加工与维修服务等能够直接为货物生产和贸易的做大做强发挥支撑和引领作用，建筑、旅游等服务也发挥着促进物质产品跨境流动的相关功能。尤其在传统经济结构正加快接受信息化、数字化赋能的当下，服务业技术与产业结构加剧变革，着力发展高质量服务业和服务贸易，着力推进服务业的高水平开放，对促进国际合作深化、提升我国经济发展质量具有重要且积极的意义。

（三）服务贸易开放是扩大对外开放的重要抓手

习近平总书记在2023年中国国际服务贸易交易会全球服务贸易峰会视频致辞中强调，要积极开展服务贸易和投资负面清单谈判，扩大电信、旅游、法律、职业考试等服务领域对外开放；放宽服务业市场准入，有序推进跨境服务贸易开放进程，提升服务贸易标准化水平，稳步扩大制度型开放[1]。世界贸易组织多年来将服务贸易作为主要谈判内容，《区域全面经济伙伴关系协定》（RCEP）、《全面与进步跨太平

---

[1] 《习近平向2023年中国国际服务贸易交易会全球服务贸易峰会发表视频致辞》，《人民日报》2023年9月3日，第1版。

洋伙伴关系协定》（CPTPP）等区域合作协定也将服务贸易作为主要条款，全球在推动服务贸易自由化、便利化方面行动不断。

二、浙江做大服务贸易开放的实践和成效

服务贸易既是推动中国制造业向全球价值链高端攀升的关键变量，也是顺应新一轮科技和产业变革趋势的重大砝码。浙江省委、省政府高度重视发展服务贸易，深入实施数字经济创新提质"一号发展工程"、地瓜经济提能升级"一号开放工程"，通过大力发展数字贸易、打造特色产业区块、构建高能级平台、创新管理等举措，推动服务贸易保持快速增长，为全国开放发展大局作出了贡献、提供了支撑。

（一）以数字贸易为引领，服务贸易总体规模快速增长

数字贸易与货物贸易、服务贸易并列为支撑贸易强国建设的三大支柱。浙江发挥数字经济先发优势，连续两年举办全球数字贸易博览会，加快打造数字自由贸易试验区，发布《浙江省数字贸易先行示范区建设方案》，加快建设数字贸易新基建、发展数字贸易新业态、构建数字贸易新场景、提升数字贸易平台新能级。谋划推进创建一批省级数字贸易示范区和省级数字贸易标准化试点基地，推动数字技术、数字服务、数字内容、跨境电商、数据和信息交易等各种数字贸易业态蓬勃发展。近五年，浙江服务贸易进出口总额年均增长18.6%，连续3年服务贸易总额位居全国第4。2022年，全省服务进出口额突破5000亿元，达5091.2亿元，同比增长12.1%。

（二）以全域开放为抓手，推进服务贸易结构持续优化

浙江聚焦构建新发展格局，把开放发展与区域协调发展紧密结合起来，以都市区为基点，更好统筹开放枢纽、开放通道和开放平台

建设，强化都市区的引擎作用、大湾区的集聚作用、大平台的支撑作用、大通道的链接作用，全面构建全域开放新格局。分区域看，杭州、宁波为浙江服务贸易主力，服务贸易进出口额分别为 2945.1 亿元、1425.6 亿元，占比 57.9%、28%，金华、嘉兴、温州、舟山多为百亿级别。分领域看，运输服务、电信计算机和信息服务、旅行服务 3 类占比最高，分别为 40.6%、22.8% 和 14.5%。分市场看，浙江服务贸易主要集中在中国香港（53.3%）、美国（15.1%）、新加坡（11.0%），合计占比约八成。

（三）以制度创新为重点，服务贸易能级显著提升

浙江创新离岸服务外包、知识流程外包（KPO）、信息技术外包（ITO）、业务流程外包（BPO）等服务贸易新模式，大力推进服务外包、技术贸易、文化贸易等重点服务贸易行业，先后出台《浙江省服务外包提能升级三年行动计划（2023—2025 年）》，培育壮大服务贸易龙头企业、生产性服务企业、创新型特色企业等主体，国际服务外包业务覆盖全球 200 多个国家和地区，杭州、宁波连续在国家级服务外包示范城市综合评价中位居前列。大力推动文化贸易数字化转型，数字阅读、数字音频、数字音乐、在线教育等数字文化贸易加快发展，用好中国（浙江）影视产业国际合作区等 3 个国家文化出口基地，发挥良渚等新一轮国家对外文化贸易基地作用，持续擦亮杭州、东阳"动漫之都""影视之都"金名片。

三、新征程上推动服务贸易开放发展的政策思考

进入新发展阶段，服务贸易迎来数字化和绿色低碳化等重大发展机遇。要创新服务贸易发展机制，积极对接高标准国际经贸规则，深

入推进改革开放探索，更大力度推动服务贸易开放创新发展，为高水平对外开放注入新活力，为满足人民美好生活需要拓展新空间。

（一）推动服务贸易开放领域持续拓展

聚焦制度创新，加强服务领域体制机制改革，进一步放宽现代服务领域外资准入限制，推行精准监管，探索更多可复制、可推广的经验，加快要素合理流动和高效集聚。依托自由贸易港、自由贸易试验区、服务业扩大开放综合试点、服务贸易创新发展示范区等平台载体，积极对标《全面与进步跨太平洋伙伴关系协定》（CPTPP）、《数字经济伙伴关系协定》（DEPA）等高标准经贸规则，稳步推进服务领域制度型开放。

（二）推动服务贸易融合化、数字化和绿色化

推动数字技术与服务贸易深度融合，探索以高端服务为先导的"数字＋服务"新业态、新模式，加快信息服务、文化贸易、技术贸易、金融服务等新兴服务贸易发展，推动服务外包向高技术、高品质、高效益、高附加值转型升级。聚焦大数据、人工智能、云服务、物联网和区块链等领域，重点支持实施一批高端化、创新潜力强和带动面广的数字服务贸易重大项目。培育和丰富绿色金融体系，提升绿色信贷、绿色保险等绿色金融专业服务能力，推动包括温室气体自愿减排交易在内的各类绿色资产交易，促进金融服务绿色低碳循环经济发展。

（三）推动服务贸易制度平台和载体创新发展

用好全球数字贸易博览会、自贸试验区等平台作用，加强与《数字经济伙伴关系协定》（DEPA）成员方的合作和交流，积极参与相关国际、国家、行业标准制定。大力推进服务贸易创新示范区建设，优化服务外包示范城市布局，推动特色服务出口深度扩围提质，完善服务贸易制度平台，为服务贸易发展提供示范引领。加快建设服务贸易

国际合作区，加快制定自贸试验区跨境服务贸易负面清单，强化国际合作机制，推动形成与国际高度接轨的服务贸易开放制度。

第三节　提振内需，构建完整内需体系

一、充分认识扩大内需的重大战略意义

坚持扩大内需战略，是新发展阶段党中央作出的重大科学判断和战略部署，这既是当前经济工作的一项重要任务，又是推动经济高质量发展的长期战略。立足新发展阶段、贯彻新发展理念、构建新发展格局，扩大内需不仅是宏观调控的重要内容，也是形成国内大市场、有效应对风险挑战、增强经济发展内生动力的关键之策。

（一）实施扩大内需战略是满足人民对美好生活向往的现实需要

我国经济由高速增长阶段转向高质量发展阶段，发展要求和发展条件都呈现新特征，特别是人民对美好生活的向往总体上已经从"有没有"转向"好不好"，呈现多样化、多层次、多方面的特点。特别是群众个性化、多样化消费需求难以得到有效满足，城乡区域发展和收入分配差距较大，民生保障存在短板，财政金融等领域风险隐患不容忽视。解决人民日益增长的美好生活需要和不平衡不充分的发展之间的矛盾，必须坚定实施扩大内需战略，固根基、扬优势、补短板、强弱项，通过增加高质量产品和高品质服务供给，更好地满足人民群众需要，促进人的全面发展和社会全面进步，推动供需在更高水平上实现良性循环。

（二）实施扩大内需战略是充分发挥超大规模市场优势的主动选择

大国经济具有内需为主导的显著特征。内需市场一头连着经济发展，一头连着社会民生，是经济发展的主要依托。我国经济经过改革开放 40 多年持续快速发展，逐步在市场需求、产业体系、人力资源、软硬基础设施等方面形成了超大规模市场优势，为培育完整内需体系奠定了基础。进一步发挥超大规模市场优势，必须坚定实施扩大内需战略，扩大居民消费和有效投资，增强经济发展韧性，促进经济持续健康发展。

（三）实施扩大内需战略是应对国际环境深刻变化的必然要求

世界百年未有之大变局加速演进，国际力量对比深刻调整，新冠疫情影响广泛深远，世界经济增长不平衡不确定性增大，单边主义、保护主义、霸权主义对世界和平与发展构成威胁。特别是近年来，国际竞争日趋激烈，我国经济面临需求收缩、供给冲击、预期转弱三重压力，一些领域风险因素上升，人口老龄化加速，劳动力、土地等传统优势弱化，资源环境约束趋紧，科技创新能力还不强，全要素生产率提高受到制约，把我国打造成国际高端要素资源的"引力场"任重道远。面对复杂严峻的外部环境，亟待从供需两端发力，既要扩大有效需求，以自身的稳定发展有效应对外部风险挑战，又要推动生产函数变革调整，塑造新的竞争优势。

（四）实施扩大内需战略是促进经济循环效率提升的关键支撑

构建新发展格局关键在于经济循环的畅通无阻。进入新发展阶段，我国国内市场基础更加扎实，实施扩大内需战略的环境条件深刻变化。与此同时，我国扩大内需仍面临不少掣肘因素，城乡区域发展和收入分配差距较大，民生保障存在短板，制约内需潜力释放的体制机制堵点仍然较多。特别是随着人口红利的消退，来自需求侧的制约越来凸显。促进国内大循环更为顺畅，必须坚定实施扩大内需战略，打通经济循环堵点，夯实国内基本盘；实现国内国际双循环相互促进，也必须坚定实施扩大内需战略，更好依托国内大市场，有效利用全球要素和市场资源，更高效率实现内外市场联通，促进发展更高水平的国内大循环。

二、浙江扩大内需的实践和成效

浙江坚持把实施扩大内需战略同深化供给侧结构性改革有机结合起来，突出系统观念，增强消费对经济发展的基础性作用和投资对优化供给结构的关键作用，持续释放现代化建设蕴藏的巨大消费和投资潜力。

（一）着力扩大内需，迎难而上稳住经济大盘

2023年，浙江省委、省政府在全面评估2022年"5+4"稳进提质政策的基础上，系统谋划、综合集成了"8+4"政策体系，其中"扩大内需和对外开放"就是8个重点领域政策包之一。包括按照国家政策规定继续实施免征新能源汽车购置税等政策，支持老字号企业发展，培育精品国潮、国货消费；培育发展一批消费新场景，到2023年底，累计打造电商直播式"共富工坊"1500个；推进高品质步行街改造提升和智慧商圈建设；实施"千团万企拓市场增订单引项目"行动；重点支持展会100个以上。综合来看，"8+4"政策实施一年来，安排省级财政资金1006.8亿元，为市场经营主体减负3300亿元以上，有力支持了浙江经济持续回升向好。

（二）多措并举促消费，全力发挥好消费压舱石作用

"十四五"以来，浙江印发关于进一步扩大消费政策意见、加快实施促进消费十件实事、多部门联合出台提振消费新政等，深入实

施"放心消费在浙江"行动，开展"浙里来消费""浙里好玩"等活动，坚定扛起消费大省责任担当。2023 年，浙江社会消费品零售总额 32550 亿元，比上年增长 6.8%，增速比上年提高 2.5 个百分点。浙江率先开展省级新型消费城市试点工作，大力支持杭州市、宁波市等地建设国家新型消费示范城市，加强中小型新型消费城市梯队建设，形成一批接轨国际的新型消费集聚区。2023 年，浙江居民消费支出水平位居全国第三，全体居民人均消费支出 42194 元，较上年增长 8.3%，增速同比回升 2.0 个百分点。城乡居民恩格尔系数达到联合国划分标准的富足水平。

（三）深入实施"千项万亿"工程，以重大项目为牵引带动全社会投资

自 2023 年起，浙江深入实施"十项重大工程"，稳步推进"千项万亿"工程，即每年滚动推进 1000 个左右重大项目、完成投资 1 万亿元以上，5 年完成重大项目投资 7 万亿元以上。在推动投资增长的同时，持之以恒推动投资结构优化，浙江投资"量稳质优"的特征进一步显现。2023 年，1244 个重大项目投资 12976 亿元，约占全省固定资产投资总额的 1/3；全省固定资产投资比上年增长 6.1%，高于同期浙江 GDP 增速，也高于全国平均 3.1 个百分点。

三、新征程上构建完整内需体系的政策思考

牢牢把握扩大内需战略基点，用好超大规模市场宝贵的战略资源，按照高质量发展的要求，找准实施扩大内需战略同深化供给侧结构性改革的有机结合点，系统谋划、精准施策，推动有效需求和有效供给、消费和投资、内需和外需、自立自强和开放合作良性互动与高水平动态平衡，全面增强国内大循环内生动力和可靠性。

（一）优化投资结构，推动投资量稳质优

把握投资方向，消除投资障碍，聚焦关键领域和薄弱环节，努力增加制造业投资，加大重点领域补短板力度，系统布局新型基础设施，着力提高投资效率，促进投资规模合理增长、结构不断优化，增强投资增长后劲。打好高质量发展组合拳，坚持项目为王、起步更快、马力更足，在建项目"能快则快"，谋划项目"实之又实"，民间项目"多多益善"，增强投资预期，提振市场信心，激发民间投资活力，落实政府和社会资本合作新机制，加强对民间投资合法权益保护，鼓励和吸引更多民间资本参与国家重大工程和补短板项目建设，助推民间投资增速和占比双提升。围绕推动制造业高质量发展、建设制造强国，引导各类优质资源要素向制造业集聚。加大传统制造业优化升级投资力度，按照"高大上、链群配"要求，扩大先进制造领域投资，积极引进全球产业链供应链领军企业、"链主"企业，提高制造业供给体系质量和效率，加快打造世界一流水平的先进制造业集群。

（二）全面促进消费，加快消费提质升级

坚持把激活和扩大消费摆在优先位置，顺应消费升级趋势，提升传统消费，培育新型消费，扩大服务消费，适当增加公共消费，着力满足个性化、多样化、高品质消费需求。按照落实一批、储备一批、出台一批的思路打好促消费政策"组合拳"，不断充实完善政策"工具箱"。聚焦汽车、家电、家居、餐饮等消费重点领域，及早出台有关政策举措，加快促进消费恢复和扩大。围绕居民收入、减税降费、基本公共服务、消费环境等方面，更加注重需求侧管理，着力打通制约消费需求增长的堵点，着力扩大有收入支撑的消费需求，形成需求牵引供给、供给创造需求的更高水平动态平衡，实现经济发展良性循环。优化消费平台载体建设，持续推进国际消费中心城市、国家新型消费示范城市、国家文化和旅游示范城市等平台载体创建，打造高能级消费载体。聚焦国际消费资源集聚、国际消费场景创新、内外互通的国际市场和一系列政策要素保障，着眼长远均衡布局城市"消费空间"，加快培育新型消费，加快研发智能化产品，支持自动驾驶、无人配送等技术应用。拓展共享生活新空间，完善具有公共服务属性的共享产品相关标准。促进消费体制机制改革，推动社保、收入分配等中长期改革，加快清理制约消费的各种规定和做法，有序破除消费领域的体制机制障碍和隐性壁垒。

（三）提高供给质量，全力推进重大改革落地见效

统筹扩大内需和供给侧结构性改革，有效打通循环堵点、消除瓶颈制约，满足现有需求并进一步引领和创造新需求。顺应新一轮科技革命和产业变革趋势，强化科技自立自强，以创新驱动、高质量供给引领和创造新需求，推动供需在更高水平上实现良性循环。壮大战略性新兴产业，深入推进国家战略性新兴产业集群发展，全面提升信息技术产业核心竞争力，推动人工智能、先进通信、集成电路、新型显示、先进计算等技术创新和应用。加快生物医药、生物农业、生物制造、基因技术应用服务等产业化发展，发展壮大新能源产业，前瞻谋划未来产业。推动现代服务业同先进制造业融合发展，鼓励制造业企业发展服务型制造，拓展研发设计、供应链协同、系统解决方案、柔性化定制、全生命周期管理等增值服务，促进制造业企业服务化，由提供"产品"向提供"产品＋服务"转变。

案例一　义乌小商品城

一、基本情况

义乌是浙江中部的小城，也是世界级的商圈。在义乌铁路口岸，奔向共建"一带一路"国家的"义新欧"班列业务繁忙，将中国小商品源源不断运往中亚、欧洲等地，同时也带着一箱箱进口货物满载而归。从"鸡毛换糖"到"世界超市"，义乌书写了中国县域经济发展的传奇，创造了具有"无中生有"等创新精神的义乌经验，从一个区域性市场成长为全球性市场。改革开放以来，义乌坚持和深化"兴商建市"发展战略，以培育、发展、提升市场为核心，走出了一条富有自身特色的区域发展道路，成为全国 18 个改革开放以来典型地区之一。2011 年 3 月，经国务院批准开展国际贸易综合改革试点。2019 年 1 月，浙江省委、省政府下发《义乌国际贸易综合改革试验区框架方案》。2020 年 8 月，国务院批复中国（浙江）自由贸易试验区扩区到义乌。2023 年，习近平总书记亲临义乌考察调研，指出"义乌小商品闯出了大市场、做成了大产业，走到这一步很了不起，每个人都是参与者、建设者、贡献者"[①]，赋予义乌"中国式现代化典范"的新使命，提出"不断地再造新辉煌"的新要求。义乌以中国小商品城为改革开放主引擎，深化推进国际贸易改革综合试点，"义新欧"中欧班列、"第

[①]　光明日报调研组：《小商品闯出大市场做成大产业——浙江省义乌市以改革创新培育发展新动能的生动实践》，《光明日报》2024 年 2 月 9 日，第 5 版。

六港区"等开放大通道互畅互联，专业市场持续发力构建世界级商圈。

义乌国际商贸城是拉动义乌对外贸易的主引擎。市场经营面积640余万平方米，经营商位7.5万个，汇集26个大类、210多万种商品，关联全国210万家中小微企业、3200万名产业工人。2023年1—11月，义乌进出口贸易值突破5000亿元，同比增长18.1%，其中出口4616.2亿元，增长15.7%；进口605.0亿元，增长40.0%，进出口、出口和进口值占全省份额分别为11.6%、14.1%和5.0%。从出口看，劳动密集型产品、机电产品位列前两位，占义乌市出口总值的77.9%；从贸易方式看，市场采购对义乌出口贡献突出，占义乌市出口总值的77.5%，对义乌市出口增长贡献率为90.8%。

开放大通道是义乌商品"走出去"的关键支撑。围绕建设国际陆港城市目标，义乌先后建成了义乌港、铁路口岸、航空口岸、国际邮件互换局、义乌保税物流中心，成为国内唯一具备五大口岸平台功能的县级市。义乌不断放大市场"买卖全球、货通天下、接轨国际"的独特优势，大力推进"义新欧""义甬舟""网上丝绸之路"等开放大通道建设，与共建"一带一路"国家交流合作日益密切，成为"一带一路"重要节点城市。"义新欧"中欧班列出口商品由最初的义乌小商品为主，发展到现在的新能源汽车等外贸"新三样"产品。从2014年始发至今，已开通24条国际货运点对点直达班列线路，累计开行超9000列，辐射欧亚大陆160多个城市，并加快实现宁波舟山港"海铁联动"。

持续深化改革是义乌成长为国际商贸城市的重要法宝。义乌从浙江中部一个交通不便、资源有限的小城，到如今拥有铁路开放口岸、空港口岸的国际化商贸城市等一系列变化，离不开"吃改革饭"。先后承接30余项"国字号"改革试点和40余项省级改革试点。国际贸易综合改革试点、自贸试验区、国家进口贸易促进创新示范区等在义乌叠加。同时，义乌首创市场采购贸易方式并在全国复制推广，创新出口拼箱货物"先查验后装运"监管模式，小商品数字自贸应用Chinagoods 平台为全球采购商提供一站式数字服务等。

二、主要做法

（一）积极推进义乌国际贸易综合改革试点工作

一是聚焦制度创新，彰显为国家试制度先行担当。义乌 7 项改革入选 2023 年浙江自贸区省级制度创新案例。以"首单""首例"为切入点，大胆试、大胆闯、自主改。全国首创出口退税备案单证数字化管理，已在省内各地全面复制推广，累计已推广应用 6.13 万户出口企业。落地陆路启运港退税试点，获批设立进境食用水生动物指定监管场地。全国首创市场采购出口信用保险统保模式、市场采购"双抬头"原产地证，落地全省首个境外个人境内移动支付示范场景，成为全国第一批知识产权纠纷快速处理试点地区。二是聚焦开放载体，综合保税区等平台持续发力。义乌综合保税区逐步开展保税物流、保税直播等业务，新引进企业 28 家，2023 年 1—6 月进口 67 亿元。B 保（义乌保税物流中心）新引进企业 20 家，1—6 月进口 47 亿元。推动进口领域金融创新，支持"贸义链"供应链服务平台发展，累计签约供应链金融业务约 7.58 亿元，垫资约 5.3 亿元。拓展关税保函业务，2023 年已完成进口关税保函 35 单，开具关税保函额度 1.5 亿元。

（二）创新业务模式打造"第六港区"

一是深化业务模式创新，打造全省"第六港区"。金华是全省唯一既不靠海也不沿边的设区市，通过深入推进义甬舟开放大通道建设，加快将金华－义乌港打造为宁波舟山港"第六港区"，营造"无水有码头"的陆港联动物流新业态。前移宁波舟山港港口功能，实现港务、关务、船务一体化操作，全面提高货物通关效率。加快推动国际航运中心和集装箱运营中心建设，开工义乌国际枢纽港（一期）工程（金甬铁路苏溪集装箱办理站），深化业务模式创新，优化集装箱业务环节。2023 年"第六港区"业务量达 58.7 万标箱，同比增长 21%。二是铺就"一带一路"新通途，推进"义新欧"中欧班列高质量发展。双向对开"中西建交纪念号"中欧班列，投用"义新欧"中欧班列德国集散中心，为海外用户提供仓储、分拨、配送、保税、关务、供应链管理等服务。2023 年全年，杭州海关累计监管"义新欧"中欧班列进出口货运量达 120.49 万吨，同比增长 8.7%。

（三）专业市场持续发力构建世界级商圈

一是持续迭代 Chinagoods 平台。不断升级展示交易、物流履约、贸易金融等方面的数字化功能及应用，深化平台与海外业务的联动贸易，平台累计上线经营户 6 万余家、商品种类 460 多万个，注册采购商超 120 万。1—6 月平台商品交易总额达 151.8 亿元。尽管外贸形势严峻，但被誉为"世界超市"的义乌，勾画出了一条"活力曲线"。2023 年义乌进出口总值首次突破 5000 亿元，成为全国首个年快递量超百亿级的县级市，每天近 3000 万件快递，从这里发往世界230 多个国家和地区。二是持续推进市场采购与电商融合。创新开展"市场采购+"集拼转口等各类转口模式，全面推广实施组货人制度，实施组货人数字化管理，覆盖 100% 市场采购出口。义乌小商品城开发小商品数字自贸应用"小商 AI"，为贸易主体提供数字交易、数字物流、数字履约等赋能；2023 年打造了支付平台——义支付（Yiwu Pay），助力义乌 100 多万市场主体、上下游 210 多万家中小微企业"数链全球、支付无界"，截至当年 12 月 22 日已累计为超 2 万个商户开通跨境人民币账户，跨境清算资金超 70 亿元人民币。三是持续建设海外仓等出海基础设施。近年来，小商品城围绕共建"一带一路"国家布局海外仓、建设海外市场，打通跨境支付。截至 2023 年 12 月，新增海外仓 50 个，累计达到 210 个，面积超 190 万平方米，覆盖 54 个国家。合资公司智捷元港业务范围已拓展至全球 129 个国家、60 家船司、33 条航线、453 个目的港。占地 20 万平方米的迪拜义乌商贸城已于 2023 年 6 月底正式开业，有效辐射周边（中东、北非、欧洲等地）近 10 亿人口。

三、经验启示

一是持续优化营商环境。对标对表国际国内一流标准，以数字化改革为牵引，以评价为抓手，做优政务服务、稳企助企、产业发展环境，全力打造国际一流营商环境样板城市。目前，市场主体成功突破 80 万，占到全省 1/11，民营经济活力进一步激发，有效助推外贸经济持续平稳向好。

二是畅通国际贸易通道。依托中欧班列（义新欧）运行，创新"中欧＋海铁＋海运"多式联运模式实现"义新欧""义甬舟"两大通道互联互通，加快国内国际双重布局，积极探索贸易降本增效新路径，打造"双循环"贸易服务新标杆。

三是构筑综合交通枢纽。坚持"市场主导、政府引导、企业运作"的原则，采用政企结合、多元合作的综合开发建设模式，根据国家不同物流枢纽的业务需求，统一规划、分期建设、统筹运营，搭建国际采购平台、全球商贸物流组织服务平台等供应链集成平台，联动境内外商贸物流枢纽，形成运行高效、规模效应突出、覆盖全球的商贸物流网，不断提升贸易中心辐射能力。

案例二　银泰百货

一、基本情况

浙江银泰百货有限公司于 1998 年 11 月 16 日开业，商业建筑面积 7.7 万平方米，定位时尚轻奢商品经销。全年销售、利润、平效等各项指标连续多年在全国名列前茅。2023 年，杭州湖滨银泰 IN77 实现销售额 102 亿元，同比增长 30.7%，总客流量 8500 万人，杭州武林银泰百货、杭州城西银泰百货分别实现销售额 72.85 亿元、53 亿元，同比增长均超 12%，多个品牌业绩创下全国销售纪录。银泰百货引领着百货行业的新零售变革——通过"人、货、场"的数字化重构，实现会员通、商品通和服务通。自 2016 年起，银泰选择与阿里云携手，进入以"旧城改造"为基调的变革期。5 年时间内，银泰百货通过调整现有门店及后台营运逻辑，形成"银泰式购物"体验，积累了超过 2500 万数字会员；同时，银泰百货也不断孵化新业态，创新实体商场数实融合新模式，以丰富消费供给、引领消费升级、数智赋能消费方式，更好满足人民日益增长的美好生活需要。

（一）界定新零售全面变革新定义

中国百货商业协会采集汇总的部分（85 家）会员单位的销售统计数据显示，面对数字化和消费新趋势冲击，实体百货销售额降幅超 10% 的企业占样本企业的近 1/4，百货商店多数陷入客流下滑、关店止损等经营困局。在新零售的全面变革中，以银泰百货为代表的新商场给出了一个全新的定义，那就是大数据驱动的消费解决方案提供商。三个比较显著的变化是：服务数字化会员的互联网商场；基于数据驱动的"货找人"的商场；同时成为一个有规模化、有部署新零售能力的新商场。

（二）创新实体商场数实融合新模式

首先，银泰百货作为老牌百货企业，选择充分挖掘百货优势，同时积极拥抱数字化和云资源，叠加阿里新零售，以"旧城改造"的思路重新锻造长板。银泰门店涉及浙江、湖北、陕西、安徽、北京多地，原本就具有一定的客群基础、品牌商资源以及门店点位优势。这意味着银泰具有推动改革的底层基础。其次，银泰百货引入阿里投资后，阿里的资源整合能力、数字化技术以及线上线下一体化运营能力等，也成为银泰百货改革背后的重要推动力。

（三）"以人切入"打好数字化会员基础

自 2017 年 7 月起，银泰百货会员可选权益更加丰富，银泰喵街App 同样能为银泰百货会员提供会员身份认证，提供会员权益端口。会员核心服务、交易、场景全运行在阿里云上，包括会员营销交易、商品服务及智能端口等均实现线上线下一体化。同时，数字化会员也提升了消费者体验，比如顾客通过喵街 App、银泰天猫旗舰店、线下专柜，均可享受"正品好货""线上线下同款同价""60 天无理由退换货""随时随地想买就买"等服务。

二、主要做法

如果回溯整个线下商业的发展史，其实就是一场人货场连接方式的变革。百货公司做的是双向连接的工作：一边是货物，一边是顾客，交易始终围绕着百货这个场域进行。但随着移动互联网的发展，人货场的结构发生了很大变化，所有线下零售都开始沿着"数字化"的思路进行改革，最直接的变化是将货品迁移到线上，商场开始在线上寻找与消费者建立联系的渠道。

2016 年开始，银泰百货通过阿里商业操作系统的赋能，开始了全面数字化的转型升级。系统重构人——数字化会员近两千万，货——商品和品牌全面数字化，场——通过云计算提升运营效率、创新服务方式，成为全球首家不打烊的"新零售百货"。2019 年"双 11"前夕，银泰百货"告别"了最后一台资产编码为 050476 的物理服务器，跑在阿里云上的银泰，以三年时间实现了会员体系、交易系统、营销系统、数据库等底层核心系统 100% 云化。2021 年，银泰的交易峰值较三年前上涨 20 倍。

（一）人：个性化满足消费者需求

以往在传统百货商场购物，消费者只有走进实体商铺才能获取商品促销信息。如今在银泰百货，只要消费者提前打开喵街 App，即可在消费决策前获知商场品牌、车位数量和商品优惠信息。目前，喵街 App 的数字化会员近 3000 万，通过跨品类、跨业态、跨时间和跨空间进行人货匹配，银泰百货实现了从"人"找"货"到真正的"货"找"人"，精准满足消费者需求。

（二）货：突破地域空间局限

银泰百货在自有喵街 App 基础上，聚合了支付宝、天猫、淘宝、微信等平台开展"一云多端"的销售。通过沉淀商品内容、角色数字化发布等模式，实现 40% 的线下商品数字化。除了在商场供场内消费者实地试穿试用外，还可供不在场内的消费者在家浏览。相较于传统的纯线下销售，商品的曝光度增加了 3 ~ 4 倍，2021 年"双 11"期间，化妆品品类诞生了 3 个过亿品牌、27 个过千万品牌。全年共有 37 个化妆品品牌在银泰百货实现了线下渠道的全国销量第一。

（三）场：实体场与虚拟场化合反应

银泰百货的"场"通过实体虚拟交互，实现线上线下全覆盖，既可以在门店逛着买，也可以在手淘和喵街 App 上躺着买，甚至边看直播边跟着买、等货上门远程买。通过仓库数字化改造，银泰百货利用大数据精选门店 TOP 级品牌入仓，打印订单、分拣、验货、打包、发货全部在银泰门店数字仓完成，既提高了前台专柜导购员的工作效率，也大幅提高了后台仓储配送的运转效率。喵街 App "定时达任性邮""门店 10 公里范围 2 小时达"等服务陆续上线，一条线上线下一体化的"消费—履约—供应"的链路完成了闭环，实现了面积不增加、平效翻倍。2023 年 5 月，银泰百货"到家"服务升级，实现线下订单线上退，通过"60 天无理由退换货"（服装、鞋靴类）、喵街 App 免费上门取件等贴心服务，让消费者享受 360 度购物服务保障。

三、经验启示

一是激发企业改革创新动能。银泰作为老牌实体商贸企业，在实践经验基础上升级了新零售数智服务能力。建立一云多端的消费者服务矩阵，打造行业领先的新商场操作系统（MOS），搭建数字化运营团队，推动数字化商品和服务履约的全链路体系化建设，以大数据驱动人货匹配精准营销，实现了营业额翻 20 倍增长。

二是助力传统实体百货商场全面数字化转型。银泰的新零售可帮助相对较大的百货 KA 卖场，提供新零售数字化的规划和数字化产品交付。结合其业务和数字化发展现状，帮助百货企业规划人、货、场的数字化的升级方案及演进路线，包括商品编码、会员管理、导购 AI、市场智能 IoT（物联网）、数字化招商、智慧物业等。

三是帮扶小微商贸企业提升品牌力。银泰的数字化运营和供应链能帮助品牌力较弱、意欲拓展线上销售渠道的小型微型百货，提供"线上平台＋线上运营陪跑＋提供银泰专柜商品"的一体化服务。通过"零成本建设微信小程序—双方共建线上运营团队—银泰专柜供应链输出"三步走，提升小微平台品牌竞争力及客户收益。

四是让老街发"新芽"。传统商业街区在城市"新"度不断迭代的背景下，很多老商业区"颓废"是一个大问题，包括类似上海南京路这样的老街区。银泰 IN77 不仅让银泰在品牌化、高端化上得到了很好的体现，在复活老城区、老街区上也起到了很好的带动作用。这种方式也为未来数字商圈、智慧商圈的打造找到了一个很好的模式，提供了可借鉴的路径。

第 三 章
提能升级的重点：
提升资源要素全球配置能力

　　资源要素全球配置能力，是对资本、技术、人才、货物、信息等资源要素在流动、组合、分配、管理中发挥决定性影响的能力，是衡量开放的标尺，更是高水平开放的基石。要素集聚程度越高，可配置资源就越多，资源配置能力也越强，从而统筹国内国际两个市场、两种资源的能力就越强。推动"地瓜经济"提能升级，实现更高水平开放，既要依托我国超大规模市场的需求优势和产业体系完备的供给优势，形成对全球资源要素的引力场，更大力度吸引和使用外资，也要稳步"走出去"，加强境外投资，增强国内国际两个市场、两种资源联动效应，提升全球资源配置能力。

第一节　汇聚战略资源，提升大宗商品资源配置能力

一、提升大宗商品资源配置能力意义重大、形势紧迫

大宗商品涉及能源化工、金属矿产、农林牧渔等重要领域，事关国计民生和国家安全，对于促进经济社会发展、增进人民福祉至为关键。当前，世界百年未有之大变局加速演进，中华民族伟大复兴进入关键时期，我国发展环境正发生深刻复杂变化，粮食、能源资源等安全问题更加凸显，提升大宗商品资源配置能力更为紧迫。

（一）大宗商品需求量大、对外依存度较高

作为世界第一大工业生产国，我国已经成为世界上最大的能源和战略性矿产资源消费国，每年矿产资源消费量相当于世界其他工业化国家消费量的总和。2022 年，我国原油、铁矿石表观消费量（国内产量＋净进口量）分别为 7.1 亿吨、14.9 亿吨，对外依存度高达 71.2%、80.9%，铜、锂、钴、镍等有色金属对外依存度也均超过 75%。随着未来我国经济社会继续发展，我国大宗商品消费量、进口量仍将长期高位运行。据预测，到 2035 年基本实现社会主义现代化时，我国累计需要消耗：一次能源 102 亿吨油当量，粗钢 83 亿吨，精炼铜 2.05 亿吨，原铝 4.95 亿吨，以及种类更多的其他矿产资源[1]。

---

[1]　田郁溟、琚宜太、周尚国：《我国战略矿产资源安全保障若干问题的思考》，《地质与勘探》2022 年第 1 期，第 217–228 页。

（二）市场定价话语权弱、价格波动影响大

长期以来，西方国家和国际金融资本牢牢控制着大宗商品定价权，如铁矿石参照新加坡普氏指数定价，原油参照纽约商业交易所（WTI）、伦敦国际石油交易所布伦特（Brent）期货指数定价，全球70%铜产量参照伦敦金属交易所挂牌价进行贸易。我国虽是全球第一大的铁矿石和原油进口国，铁矿石、原油进口量分别占全球贸易总量的近70%和25%，但对大宗商品的价格影响力不足，市场规模优势未能有效转化为价格优势，常常出现"中国买啥啥涨"的现象。特别是近年来，全球大宗商品价格持续上涨，企业生产经营压力不断增大，我国经济发展成果遭受严重侵蚀。

（三）大宗商品来源单一、应急储备能力弱

我国大宗商品进口来源集中，2021年石油进口量的50%来自中东地区，26%的天然气、62%的铁矿石、73%的锂、58%的锆来自澳大利亚，68%的镍来自印度尼西亚和菲律宾，98%的钴来自刚果（金），96%的铌来自巴西，运输通道主要经过马六甲海峡、巽他海峡和南海[①]。同时，我国大宗商品储备体系不完善，石油储备仅相当于约100天的石油净进口量，与日本约145天、美国约130天的储备量差距较大，铁矿石、天然气、有色金属均未形成大规模国家储备；战略储备基本由国家投资、央企代储，大规模商业储备体系尚未形成，储备资源利用率低，存储、运维成本高昂。在严峻复杂的国际形势下，大宗商品供应极易受制于人。

---

① 王安建、王春辉：《国际动荡局势对我国能源资源安全的挑战与应对策略》，《中国科学院院刊》2023年第1期，第72—80页。

二、浙江提升大宗商品资源配置能力的实践和成效

浙江是典型的能源消费大省、能源资源小省，资源禀赋先天不足，一次能源自给率长期低于5%，煤炭、石油、天然气等能源资源供应严重依赖外部调入。近年来，浙江充分发挥区位交通、民营经济等优势，依托浙江自贸试验区，全方位加强能源资源国际合作，统筹利用两个市场、两种资源有效应对能源资源挑战。

（一）打造对外开放"新高地"，提升大宗商品制度型开放水平

以油气全产业链开放发展为重点，大力推进大宗商品投资便利化、贸易自由化改革，着力建设国际油品交易中心、国际海事服务基地、国际石化基地、国际油品储运基地和大宗商品跨境贸易人民币国际化示范区，累计形成269项制度创新成果。一是着力提升油气投资便利化水平，实施一系列超常规改革举措，不断优化炼化项目审批流程，建成全国最大、全球第二的浙石化4000万吨/年炼化一体化项目，推动我国对二甲苯（PX）对外依存度从原来的60%多下降至39%。二是着力推进油品贸易市场化改革，率先推进原油非国营贸易资格试点、成品油非国营贸易出口等改革，打通原油进口、成品油出口、保税油加注、油品批发、油品贸易人民币结算等关键环节，积极营造公平、开放、活跃的油气市场。三是持续推进保税燃油产业闭环改革，聚焦保税船用燃料油主体准入、混兑、供应、储存、接驳、通关、加注等关键环节，率先承接国务院关于国际船舶保税燃料加注经营审批权限下放，率先开展跨港供油、不同税号油品混兑，制定《船舶燃料油加注系统计量技术规范》国家标准，累计形成46项创新成果。2023年，宁波舟山港保税油供应量达785.6万吨、同比增长14.3%，跃

居全球第四大加油港。四是深化油气交易市场化改革，推动上海期货交易所（上期所）入股浙江国际油气交易中心，联合上期所实质性共建长三角期现一体化交易市场，发布中国舟山低硫燃料油保税船供报价，提升大宗商品定价国际话语权。

（二）积极鼓励企业"走出去"，增强战略性矿产资源供给能力

以高质量共建"一带一路"为契机，聚焦石油、天然气、镍、钴等战略性资源，积极鼓励龙头企业"走出去"开展对外投资，布局打造海外能源资源供应基地，从源头上增强关键矿产品国际话语权。一方面，加快完善国际布局。鼓励企业通过内部联合或者与当地政府、所在地知名企业合作等方式，投资布局矿产开发项目，有效破解战略性矿产资源保障瓶颈。截至 2023 年底，浙江省经备案涉及矿产资源对外投资企业共 60 多家，主要涉及镍、钴、锂、铝、石油、天然气、石灰石等矿产开采，主要分布在印度尼西亚、津巴布韦、刚果（金）、澳大利亚、阿根廷等国家。另一方面，积极拓展产业链条。鼓励企业通过在当地设立产业园区、加强与国际知名企业合作等方式，积极构建从原材料开采、冶炼到加工制造、国际贸易等的完整产业链，全面提升产业链供应链话语权。鼓励锂、镍等新能源新材料矿产生产企业，积极与下游车企开展资源开发、动力电池闭环回收和梯次利用等方面合作，深度嵌入全球新能源汽车产业链供应链。

（三）加强港口物流"硬实力"，提升大宗商品对内对外辐射力

深入推进"世界一流强港工程和交通强省建设工程"，2023 年宁波舟山港货物吞吐量完成 13.24 亿吨，同比增长 4.9%，连续 15 年位居全球第一；江海联运量 3.01 亿吨，油品、铁矿石、粮食的进口规模分别占同类货种进江量的 40%、45%、65%。一是着力提升基础设施支撑能力。大力推进深水航道锚地等基础设施建设，建成梅山港区二期 10

号泊位、金塘大浦口 4 号、5 号泊位等 6 个万吨级以上泊位。二是着力完善港口集疏运体系。大力推进海港、陆港、空港、信息港四港联动发展，深化舟山江海联运中心建设，建成京杭运河二通道、金甬铁路等一批重大项目，着力提升江海、海铁、海河联运等多式联运服务水平，持续提升大宗商品集疏运能力。2023 年，宁波舟山港海铁联运班列增至 25 条，业务辐射全国 16 个省区市 65 个地级市。三是着力提升口岸便利化水平。深入推进宁波舟山港一体化 2.0 改革，有效破解"一港两政""一港两引""一港两拖""一港两关""一港两码"等突出问题。成功落地以宁波舟山港为离境港的启运港退税政策，大力推进实施"主动披露"、容错机制，高级认证企业（AEO）机制、水水中转"离港确认"等 11 条口岸便利化改革创新举措，2022 年口岸出口整体通关时间排名跃居全国沿海主要口岸首位，进出口通关时间压缩幅度位列全国榜首。

三、新征程上提升大宗商品资源配置能力的政策思考

遵循"地瓜经济"理论，发挥超大规模市场吸引力，稳步推进制度型开放，以高质量共建"一带一路"为依托，进一步加强国际能源资源合作，提升大宗商品定价权和影响力，努力为保障国家粮食、能源资源安全作出新的更大贡献。

（一）积极拓展境外战略性资源来源渠道

巩固并加强与海外尤其是"一带一路"共建国家的能源资源合作，实施核心国家和地区矿业投资保障工程，加强境外能源资源供应基地建设，推进能源资源贸易和进口多元化，全面融入国际资源经济新格局，维护战略通道和关键节点安全，提高我国战略性矿产资源产业链

与供应链抵抗不确定性风险的能力。

（二）着力打造强大的能源资源保障基地

充分发挥浙江丰富的海洋海岛和港口资源条件，聚焦石油、天然气、铁矿石、粮食、煤炭、有色金属等大宗商品，推进舟山群岛"一岛一功能"建设。创新构建新型市场化商业储备体系，吸引全球大宗商品富集国、贸易商、生产商、资源商，打造世界一流的大宗商品商业储运枢纽。

（三）着力打造万亿级大宗商品交易中心

持续深化长三角期现一体化油气交易市场建设，加快油气贸易企业实体化运营，加快国际油气交易中心、国际新能源材料交易中心建设，加快构建具有国际影响力的大宗商品价格指数体系。

（四）着力提升制度型开放水平

对标国际大宗商品贸易交易体系，大幅放宽大宗商品贸易管理、贸易融资、货物通关、外汇管理、现货交易、储备贸易、税收制度、法律服务等方面市场准入，全面提升大宗商品制度型开放水平，打造公开、透明、可预期、公平竞争的市场环境。

第二节　积聚海外资本，打造高质量外资集聚地

一、充分认识更大力度吸引利用外资的重要意义

党的二十大报告提出，依托我国超大规模市场优势，以国内大循环吸引全球资源要素，增强国内国际两个市场、两种资源联动效应，

提升贸易投资合作质量和水平。外资是联通国内外市场和资源的重要纽带，是促进技术进步、推动产业迈向中高端的重要引擎。

（一）更大力度吸引和利用外资，是我国改革开放实践探索形成的重要经验

改革开放之初，邓小平同志就提出，我国应坚定推行外资利用政策，明确"立足点要放在充分利用、善于利用外资上"[1]。1992 年邓小平同志发表南方谈话后，中央明确了积极合理有效利用外资的方针，引导外资投向基础设施、工业、农业和部分服务业。40 多年来，我国利用外资规模快速增长，质量水平不断提升，目前我国稳居全球外商投资第二大国。外资企业以不足全国各类企业总量 3% 的数量，吸收了约占全国 1/10 的城镇就业，贡献了全国 1/6 左右的工商税收、1/3 以上的货物进出口，带动了创新发展和经济结构升级，促进了经济社会体制改革，推动我国深度融入全球产业链、供应链、价值链。外商投资对我国经济社会发展起到的重要推动作用，坚定了我国更大力度吸引和利用外资的决心。

（二）更大力度吸引和利用外资，是适应我国经济发展阶段变化的主动选择

党的十八大以来，习近平总书记着眼于我国开放型经济发展新态势，提出"利用外资是我们的长期方针"[2]"要更大力度吸引和利用外资"[3]"依托我国超大规模市场优势，以国内大循环吸引全球资源要素，既要把优质存量外资留下来，还要把更多高质量外资吸引过来"[4] 等一系列重要论述，为新征程上我国外资工作作出新的战略擘画。一方面，

---

[1]　邓小平：《邓小平文选（第二卷）》，人民出版社，1994 年版，第 199 页。

[2]　习近平：《坚持构建中美新型大国关系正确方向　促进亚太地区和世界和平稳定发展》，新华社，2015 年 9 月 22 日。

[3][4]　习近平：《当前经济工作的几个重大问题》，《求是》2023 年第 4 期，第 4—9 页。

当前我国发展面临的外部环境的复杂性、严峻性、不确定性明显上升，外资企业对国内市场的预期不明朗、投资信心不足，"巩固外贸外资基本盘"成为现阶段外资工作的重点。另一方面，我国在利用外资方面还存在一些结构性问题，在"转方式、调结构、提质量、增效益"上仍需进一步发挥外资作为联通国内国际两个市场、两种资源的枢纽功能，更大力度吸引和利用外资。

（三）更大力度吸引和利用外资，是有效参与国际竞争合作的必然要求

近些年，全球范围内的外商投资规模虽然有所增长，但总体来说增长乏力。受贸易保护主义及地缘政治博弈加剧等因素影响，部分国家的投资限制性措施逐渐加码，我国引资面临的"双向挤压"愈发凸显。一方面，欧美掀起"制造业回流"浪潮，跨国投资呈现近岸化、本土化、区域化等趋势，同时为降低对中国供应链的依赖风险，部分跨国公司实施"中国+1"策略。另一方面，印度、越南等新兴市场国家加大力度吸引外资企业在本地布局产业链。吸引和利用外资是推动企业深度参与国际分工体系、融入全球供应链网络的有效通道，"双向挤压"的态势之下，需要更加积极参与国际竞争与合作，更大力度集聚全球高端要素资源，提升我国产业的国际竞争力。

二、浙江吸引和利用外资的主要实践和成效

党的十八大以来，浙江积极适应国际国内形势变化，借助开发区、自贸试验区、国际产业合作园等对外开放平台，进一步提高利用外资质量，稳定利用外资规模，招引外资大项目，引导外商投资企业提高产出效益，利用外资进入重质提效新阶段。2023年，浙江实际使用外资202.3亿美元，居全国第4位。

（一）坚持选商引资

立足自身产业基础，聚焦先进制造业、战略性新兴产业和现代服务业等重点领域，积极引进科技含量高、投资规模大、辐射带动能力强的高质量外资项目，重点吸引世界 500 强、行业龙头企业、隐形冠军企业、高科技企业，鼓励跨国公司在浙江设立地区总部和研发中心、采购中心、财务管理中心、结算中心等功能性机构，全力打造高质量外资集聚地。近三年，高技术产业（含高技术制造业和高技术服务业）累计实到外资 219.8 亿美元，占三年累计实到外资的 41%，三年年均增速达到 28.2%。

（二）创新招引方式

打响"投资浙里"系列活动品牌，组织浙江投资贸易洽谈会、"跨国公司浙江行"、全球投资峰会等投资促进活动，高水平举办全球数字贸易博览会、中国 – 中东欧国家博览会、第六届世界油商大会，大力开展产业对接、企业对接和项目对接工作。完善投资促进体系，加强招商队伍建设，强化重点国家和地区驻点招商，推行以外引外、依托国际中介组织招商、专业招商等模式，增强引资引技引智竞争力。

（三）提升平台能级

充分发挥开发区、自贸区、高新区等政策和资源的叠加效应，大力建设国际产业合作园，探索实行"海关特殊监管区 + 开发区"建设和管理模式，创建开发区海外产业创新综合服务体，推广"资本孵化 + 招引回国 + 国内成长"模式，全面提升开放平台发展能级。自 2012 年以来，省级以上开发区实际利用外资占全省比重保持在 55.0% 左右。2023 年，浙江自贸试验区以占全省不到 1/400 的面积，贡献了 19.8% 的实际使用外资。

（四）优化营商环境

落实《中华人民共和国外商投资法》，及时废止或修订与扩大对外开放、减少准入限制、提升投资便利化水平、加强投资促进保护等要求不符的地方性法规、规章和规范性文件，全面落实外资企业国民待遇。持续深化外资审批体制改革，简化审批程序，最大限度缩小审批、核准范围，持续深化"放管服"改革，大力推进企业减负降本改革。

（五）强化政策保障

先后制定《浙江省人民政府关于促进外资增长的若干意见》《浙江省人民政府关于做好稳外资工作的若干意见》《浙江省人民政府关于进一步加强招商引资工作的指导意见》《浙江省人民政府办公厅印发关于支持稳外贸稳外资十条措施的通知》等一系列政策措施，全方位保障外资招引、落地和经营，以具有含金量的政策提升企业的获得感。

三、新征程上更大力度吸引和利用外资的政策思考

外部环境越是复杂，越要坚持高水平对外开放，积极稳住外贸外资基本盘，着力稳存量、扩增量、提质量，推动外资更好服务我国经济结构转型升级和高质量发展。

（一）推出更多实质性开放措施

要真正打开特定垄断领域对外企、民企的开放之门，以扩大知识密集型服务业开放为重点，进一步缩减外商投资准入负面清单，有序放宽能源、电信、公用事业、交通运输、教育等领域市场准入，清理人员资质、企业资质、保证金、招投标、权益保护等方面的进入障碍。进一步放宽前沿技术领域的外商投资准入限制，吸引更多全球高技术

服务企业来华投资。

（二）落实好外资企业国民待遇

要严格执行《中华人民共和国外商投资法》，在产业政策、科技政策、资质许可、注册登记、上市融资、税收和合规补贴的激励政策、开业条件、服务价格等方面，不折不扣地给予外资企业国民待遇，保障外资企业依法平等参与政府采购、招投标、标准制定。进一步完善知识产权保护的法律体系，加大外商投资合法权益的保护力度，健全外资企业投诉机制，依法依规高效解决外资企业关心的问题。

（三）大力提高产业集群产业链利用外资质量

要推动利用外资与调整结构更好结合，加大制造业、战略性新兴产业和现代服务业等产业利用外资力度，促进外资向实体经济集聚。支持外商投资设立研发中心，与国内企业联合开展关键核心技术攻关和产业化应用，鼓励外商投资企业及其设立的研发中心承担重大科研攻关项目。吸引更多跨国公司设立地区总部或总部型机构，支持其集聚业务、拓展功能、提升能级。积极推动外资来源地多元化，提升产业链安全水平。

（四）强化高水平开放平台功能

要大力实施自贸试验区提升战略，给予自贸试验区更大先行先试自主权，主动对接国际高标准经贸规则，在自贸试验区和自由贸易港加大压力测试力度，稳步扩大规则、规制、管理、标准等制度型开放。推动国家级新区、国家级开发区等开放平台结构优化，发挥外资存量优势，加大产业链招商引资力度。积极发展全球伙伴关系，推动更多元的双边和多边贸易及投资协定落地，以重大论坛、会议等为契机，深化国际产业合作，多方拓展外资来源。

（五）推动营商环境整体升级

要释放清晰稳定的政策预期，做好重大政策的解读和宣传，进一步提振市场信心。积极推进外商投资"放管服"改革，减少外商投资行政审批事项，优化外资企业设立备案登记事项，简化企业设立和变更管理程序。健全外资企业直接联系点机制，畅通沟通渠道，及时协调解决企业反映的突出问题和合理诉求。持续优化出入境政策措施，为外商投资企业的外籍高管、技术人员本人及家属提供出入境、停居留便利。

第三节　集聚高端产业，打造高层次对外投资策源地

一、高层次对外投资是优化配置全球资源要素、构建现代化产业体系的必然要求

国际直接投资通过资本流动来实现对全球范围内生产要素与稀缺资源的重新配置，是一国产业转移、技术升级、重构生产优势进而实现全球价值链升级的重要手段。近年来，中国在对外投资合作领域大踏步"走出去"，已成当今世界对外投资第一大国。随着我国将构建以国内大循环为主体、国内国际双循环相互促进的新发展格局作为重大战略任务，要持续推进高水平对外投资，集中精力补齐短板、锻造长板，在更高层次上参与国际分工与合作。

（一）高层次对外投资有利于提升产业链供应链稳定性和竞争力

欧美发达国家工业化起步早、技术积累深厚，在前沿技术研究、

人才培养等方面具有明显优势。通过对外直接投资进行跨境并购、设立境外研发机构等方式，可以深度融入发达国家创新生态，充分利用全球创新要素和资源，快速提高企业研发设计水平，掌握关键核心技术和环节，实现技术升级和产业扩张，进而提高全产业链研发设计和生产制造水平，增强产业链供应链竞争力。

（二）高层次对外投资有利于提升全球价值链地位

通过对外直接投资建立境外生产基地，可以充分发挥各国比较优势，实现生产制造全球最优配置，有效降低综合成本、提高国际竞争力。近年来，我国劳动力等生产要素成本持续上升，在低成本发展中国家投资设立生产基地，不仅可以有效降低生产成本，而且可以与这些国家形成产业链价值链分工关系，带动中间品需求扩张，推动制造业向产业链价值链中高端攀升。同时，在主要市场国家设立生产基地，有利于实现终端产品属地化生产、组装和销售，及时了解用户需求、提高供应链的反应速度、降低物流成本，增强当地用户认可度，从而扩大市场占有率。

（三）高层次对外投资有利于破解资源要素瓶颈

近年来，受关键矿产资源短缺、劳动力成本上升等因素影响，我国制造业低成本制造优势不断削弱。通过对外直接投资建立境外原材料供应基地、境外生产基地，可以有效弥补国内资源要素短板，保障产业链供应链安全。一方面，以海外之有余，补境内之不足。我国石油、天然气、铁矿石、镍、钴等关键资源市场需求较大，长期依赖国外企业供应，不仅经常面临价格暴涨、暴跌的局面，而且供应的稳定性也常常受到各类威胁。通过在资源富集国投资获得自然资源开发权，可以更好保障资源要素供给，实现原材料成本内部化，确保原材料稳定供应和价格平稳。另一方面，以海外之供给，降境内之成本。通过在劳动力供给丰富的国家投资建厂，企业不仅能降低生产成本，继续发挥其在劳动密集型加工制造环节积累的技术、能力和供应链资源优势，保持其在全球市场的竞争力和优势地位，而且可以通过对加工制造环节的保留，形成对国内向价值链更高附加值的研发设计环节攀升的有力支撑。

二、浙江扩大高层次对外直接投资的实践和成效

近年来，浙江坚持以"一带一路"建设为统领，支持有条件的龙头企业充分发挥超大规模国内市场优势和产业链供应链优势，积极开展对外直接投资，到境外建立营销网络、研发机构、生产基地和原材料基地，利用外部资源、外部市场实现更大发展。

（一）大力培育本土民营跨国公司

本土民营跨国公司是引领高水平"走出去"的主力军。浙江先后在 2017 年和 2020 年启动两轮本土民营跨国公司培育三年行动计划，引导跨国企业根据比较优势开展全球布局，持续做强总部经济。经过多年培育，形成一批具有国际竞争力、总部设在浙江、国际形象良好、海外布局业内领先、跨国经营指数较高的本土民营跨国公司，具有鲜明的龙头带动作用。2021 年，浙江本土民营跨国公司经营 50 强企业的平均跨国指数达 30.46%，高于 2021 年中国 100 大跨国公司平均跨国指数（15.07%），50 强企业中有 36 家企业超过"100 大"平均跨国指数，涌现出吉利汽车集团有限公司、青山控股集团有限公司、海亮集团、荣盛石化股份有限公司、浙江恒逸集团有限公司等一批具备产业韧性、国际竞争力强、引领浙江产业发展的本土世界 500 强民营跨国公司。

（二）积极布局打造境外园区平台

鼓励支持有实力、有条件的企业顺应经济全球化形势，在有关国家投资建设或与所在国企业共同投资建设了一批基础设施完善、主导产业明确、公共服务功能健全的境外经贸合作区，为"走出去"企业提供落地平台。境外经贸合作区将相关企业和项目集聚在一个区域，有效缓解了中小企业对外投资产业配套难题，摊薄了成本，提高了企业抗风险能力。自 2005 年以来，浙江有关企业共建设形成 19 家境外经贸合作区，涌现出北美华富山工业园、印尼青山工业园等一批亩均产值高、产业带动明显、发展后劲强劲的高质量园区，覆盖加工制造型、资源利用型、科技研发型、农业产业型、商贸物流型等多种类型，助力超 640 家企业"走出去"参与国际产能合作，成为浙江产业链海外布局的重要阵地。

（三）鼓励支持境外并购回归反哺

积极将"浙江人经济"转化为浙江经济，引导有条件的企业"走出去"并购先进制造业企业、生产性服务业企业等，获取技术、资源和品牌等高端要素，与国际先进企业合作，促进技术升级和市场开拓，并引导高端产业环节回归浙江，做强总部经济。吉利并购沃尔沃后，带动万丰集团、万向集团、华峰集团等龙头企业走上境外并购道路，实现了国际先进技术、资本、人才的集聚，促进了本土产业的再发展。在此基础上，浙江积极探索强化境外并购平台支撑，在全国率先建设新昌、台州、义乌 3 个境外并购产业合作园，形成使用外资新的增长极。2022 年，浙江以并购形式实现的境外投资项目 116 个，同比增长3.57%，并购额 26.75 亿美元，同比增长 20.44%，主要集中在软件信息技术服务、医药研发制造、采矿等行业。

三、新征程上扩大高水平对外投资的政策思考

当前，全球产业链供应链深度调整，对外直接投资面临新形势新挑战。新时代新征程，要坚持高水平"走出去"与高质量"引进来"良性互动，依托国内市场、制造等优势，建立完善深度融合、高效协同的跨境产业链、创新链、要素链体系，进一步增强国内国际两个市场、两种资源的联动效应，助推经济高质量发展。

（一）构建完善跨境产业链体系

加快传统产业转型升级步伐，以产业链的完整性、先进性巩固提升配套优势、效率优势和综合成本优势，拉紧境外产业链供应链对我国的依存关系。完善"走出去"项目核准和备案机制、政策体系，系统梳理"走出去"重点产业，分产业做好战略设计，引导产业在国内外有序转移，构建以境内为统领、境内境外优势互补的跨境产业分工体系。加快培育一批链主型本土跨国公司，引导企业把总部和技术研发、高端制造等留在省内，支持企业打造跨境供应链协同服务平台，推动境内外、上下游企业创新协同、产业协同、供应协同，增强境内外产业链供应链黏性。

（二）构建完善跨境创新链体系

深入实施科教兴国战略、人才强国战略、创新驱动发展战略，引导企业统筹好自立自强和开放创新的关系，加大境内研发投入力度，加强关键核心技术攻关。支持企业立足自身实力和技术需求，建立完善全球研发体系，深化与国外研发机构合作，构建境内定方向、抓集成、搞转化和境外研发攻关的创新合作模式，全面提升在全球创新格局中的位势。简化境外技术引进落地审批流程，落实好税收减免等优

惠政策，着力推动境外创新成果返程落地，让更多创新成果"墙外开花墙内香"。

（三）构建完善跨境要素链体系

进一步打通跨境资金流动通道，深入实施自贸试验区提升战略，扩大金融业对外开放水平，支持有条件的金融机构"走出去"扩大境外网络覆盖面，提高跨境贸易投资结算便利化水平。进一步完善关键资源要素供应体系，聚焦粮食和镍、钴、铜等稀缺资源，鼓励企业"走出去"布局一批原材料生产供应基地；深化大宗商品交易市场建设，加快打造具有国际影响力的大宗商品价格指数体系，努力增强大宗商品国际话语权。进一步畅通跨境人才流动通道，密切经贸往来和双边关系。

（四）构建完善对外投资服务体系

聚焦"走出去"主要目的国，建立专业化市场化的境外商会体系，强化信息咨询等服务功能。完善企业抱团服务体系，健全"走出去"典型案例库和企业家智库，优化以民营企业为主体的境外园区体系，推动大型企业和中小企业、国有企业和民营企业战略对接、信息共享、抱团出海。加快提升专业服务体系，大力发展涉外法律、财务会计、融资保险等专业化服务，支持帮助企业科学制定投资策略、增强合规经营能力，最大限度降低"走出去""引进来"风险。探索建立境外公共服务体系，重点支持建立驻外员工子女教育学校，强化与境内教学大纲、课程标准、学业考试等的无缝衔接，切实解决驻外人员工作生活和子女教育难题。

第四节　广聚天下英才，打造国际化人才高地

一、充分认识人才在全面建设社会主义现代化国家中的基础性战略性支撑作用

国家发展靠人才，民族振兴靠人才。党的十八大以来，以习近平同志为核心的党中央深刻把握世界大势和发展规律，准确判断我国发展阶段和历史方位，作出人才是实现民族振兴、赢得国际竞争主动的战略资源的重大判断，作出全方位培养、引进、使用人才的重大部署，作出加快建设世界重要人才中心和创新高地的重大决策，为做好新时代人才工作提供了根本遵循。当前，我国进入了全面建设社会主义现代化国家、向第二个百年奋斗目标进军的新征程，我们比历史上任何时期都更加接近实现中华民族伟大复兴的宏伟目标，也比历史上任何时期都更加渴求人才。

（一）人才是发展新质生产力的核心要素

新质生产力是创新起主导作用，摆脱传统经济增长方式、生产力发展路径，具有高科技、高效能、高质量特征，符合新发展理念的先进生产力质态。发展新质生产力的核心在于科技创新，而科技创新的根本在人才。当前，新一轮科技革命和产业变革深入发展，科学研究范式正在发生深刻变革，创新要素在全球范围内的流动空前活跃，科技创新的广度、深度、速度、精度前所未有，人才的决定性作用进一步凸显。培育发展新质生产力，必须在全球视野下积极谋划和推动科

技创新，深度参与全球创新网络，集聚更多人才资源，并激发他们的创新创造活力，为我国实现高水平科技自立自强、进入创新型国家前列提供坚强的人才支撑。

（二）人才是赢得国际竞争主动权的战略资源

习近平总书记深刻指出，人才是衡量一个国家综合国力的重要指标[1]，人才竞争已经成为综合国力竞争的核心[2]。世界各国围绕科技制高点的竞争空前激烈，竞相把吸引、集聚、使用高端人才上升为国家战略，构建国家核心竞争力。从我国来看，我们已经拥有一支规模宏大、素质优良、结构不断优化、作用日益突出的人才队伍，但同新形势新任务相比还有很多不适应的地方，特别是人才队伍结构性矛盾突出，人才政策精准化程度不高，人才发展体制机制改革"最后一公里"不畅通，人才评价唯论文、唯职称、唯学历、唯奖项等问题仍然比较突出。当前，全球人才竞争格局正在发生深刻变化，呈现出供需矛盾突出、竞争重心上移、空间集聚加速、跨国流动高频等鲜明特征，我国人才工作迎来历史性机遇的同时也面临严峻挑战。面向未来，必须把国际化人才引育摆在更加突出的位置，加快形成在人才领域开展国际竞争的比较优势，力争在国际竞争中赢得主动、赢得未来。

（三）人才是高水平对外开放的重要支撑

习近平总书记指出，一个国家对外开放，必须首先推进人的对外开放，特别是人才的对外开放[3]。党的十八大以来，我国实施积极、开

---

[1]　《加快建设国家战略人才力量——论学习贯彻习近平总书记中央人才工作会议重要讲话》，《人民日报》2021年10月2日，第1版。

[2]　《聚天下英才而用之——党的十八大以来我国人才事业创新发展综述》，《人民日报》2021年9月28日，第1版。

[3]　文献：《人才引领驱动高质量发展》，《人民日报》2023年10月18日，第13版。

放、有效的人才政策，逐步从世界最大人才流出国转变为主要人才回流国。国际化人才通过学习和应用世界先进知识和技术，在技术研发、创新创业、治国理政、中外交流、社会组织等方面发挥独特优势，进而不断把对外开放提高到新的水平。当前，全球化进程遭遇逆流，全球价值链出现阶段性收缩，继续推进高水平对外开放需要以更加开放的视野和政策引育高端人才，以更开放的态度加强国际科技交流，使更多全球智慧资源、创新要素为我所用。

二、浙江打造国际化人才高地的实践和成效

近年来，浙江深入实施人才强省战略，围绕创新创业全产业链条引进培育急需的战略型人才、领军型人才、技能型人才，突出"高精尖缺"健全人才谱系，深入实施"鲲鹏行动"等重点人才计划，深化人才发展体制机制综合改革，着力打造以人才为核心的创业创新生态，加快打造全球人才蓄水池。2002—2022年，全省人才资源总量从266万人增加到1481.78万人，每万人口中人才数从562人增加到2898人，人才数量占从业人员的比例从9.29％提高到38％，连续3年新增就业35周岁以下大学生超过百万，人才发展整体水平位居全国前列。

（一）坚持靶向发力，打造引才育才新品牌

找准牵一发而动全身的抓手，以重点突破带动整体提升，打造了以顶尖人才、省特级专家为引领，覆盖引进和培养塔尖和塔基、个人和团队、创业和创新的高素质人才引进培育体系，形成独特的引才育才品牌。全力支持杭州未来科技城等重大平台建设，近十年累计引进培育海外高层次人才5300余名，新增海内外高层次人才约占

杭州市的 1/3、浙江省的 1/10，企业营收和税收年均增长超过 40%，注册企业数增长 68 倍，超过 4 万家，上市企业从 0 家增长到 19 家，已经成为全省人才密度最高、创新能力最强、发展态势最好的区域。

（二）坚持创新引领，打造战略人才新力量

聚焦提升创新策源能力和关键核心技术攻关，加大顶尖人才、海外人才、青年科技人才、高技能人才等支持力度，立体打造战略人才力量。从差旅补贴、生活补贴、落地服务等方面提供普惠支持，支持海外人才到浙江访学留学、开展社会实践、考察交流。出台《浙江省支持青年科技人才挑大梁担重任引育工程实施意见》，推动各级各类人才计划普遍设立青年专项，省级人才计划青年人才支持比例达到 50%。出台卓越工程师认定管理办法，推进卓越工程师培养工作与省级人才计划衔接。

（三）坚持改革破题，打造人才创新创业新动能

以有利于发挥人才作用为根本，以增加知识价值为导向，以授权松绑为主要手段，不断深化人才发展体制机制改革。在人才评价上，探索标准化认定、顶尖人才举荐、用人单位自主评价与集中评审相结合的多元评价方式，通过"问专家问东家问大家"，纠正唯论文、唯职称、唯学历、唯奖项等偏向。在人才激励上，完善事业单位绩效工资政策，建立健全"经费包干制"及青年人才担纲领衔机制，将优绩优酬落到实处，让更多青年人才有机会挑大梁、当主角。在人才流动上，支持事业单位科研人员离岗创业创新，推动企业科研人员到高校兼职，打破人才流动上的身份壁垒。2022 年以来，针对"最后一公里"难以打通等突出问题，创新推行人才发展体制机制综合改革试点，集成资源打造具有含金量和实操性的政策"工具箱"，根据需要进行差异化授

权，为人才发展赋能。

（四）坚持"筑巢引凤"，打造人才发展服务新环境

坚持"我负责阳光雨露，你负责茁壮成长"的理念，把服务作为人才发展的核心竞争力来抓，既服务发展大事，也关注人才关键小事，让人才能以更低的成本干事，以更快的速度干成事。聚焦提升人才服务市场化、专业化水平，在全国率先构建人才办 + 人才服务中心 + 人才集团"三位一体"服务体系，形成人才诉求"一窗受理"、人才服务"一码集成"、人才发展"一帮到底"的服务闭环，累计接入服务机构1.1 万家，用户超过 300 万，办理业务 3400 多万件次。聚焦人才关注的子女读书、住房等关键小事，建立人才分类目录，出台个性化人才支持政策，重点人才特事特办、优秀人才统筹解决。聚焦人才创新创业大事，整合银行、券商、交易所、政府等各方力量，在全国率先成立人才服务银行、组建人才企业上市服务联盟，为人才企业特别是涉外企业提供信贷、规范培育、上市辅导等金融服务，人才企业上市累计达到 51 家。

三、新征程上建设世界重要人才中心和创新高地的政策思考

习近平总书记强调，我国正处于政治最稳定、经济最繁荣、创新最活跃的时期，党的坚强领导和我国社会主义制度的政治优势，基础研究和应用基础研究实现重大突破，面向国家重大需求的战略高技术研究取得重要成果，应用研究引领产业向中高端迈进，为我们加快建设世界重要人才中心和创新高地创造了有利条件[①]。踏上新征程，我们

---

① 习近平：《深入实施新时代人才强国战略 加快建设世界重要人才中心和创新高地》，《求是》2021 年第 24 期，第 4-15 页。

要把建设战略人才力量作为重中之重来抓，实行更加积极、更加开放、更加有效的人才政策，坚持"引进来"和"走出去"并重，以更高的标准、更大的力度、更实的举措，把新时代人才强国战略的各项任务落到实处。

（一）突出"高精尖缺"人才招引

坚持需求导向，瞄准世界一流水平，千方百计引进顶尖人才，使更多全球智慧资源、创新要素为我所用。大力实施海外高层次人才引进计划，积极引进处于世界科技前沿、符合国家重大战略需求的国际化人才和创新创业团队，创新人才招引模式，加大政策支持力度，加快集聚全球高端人才和智力资源。

（二）着力打造一批重大人才平台

整合创新力量，集中优势资源进行战略布局，着力在长三角、京津冀、粤港澳大湾区等高层次人才集中的城市打造人才创新平台，构筑集聚全球优秀人才的科研创新高地。强化国家战略科技力量，瞄准世界前沿科学问题和重大经济社会发展挑战背后的科学问题，牵头发起若干国际大科学计划和大科学工程。持续支持高水平大学、重大实验室、国家科研机构、科技领军企业、大科学装置等平台建设，强化重大任务直接委托、国际化人才计划定向支持、体制机制综合改革等方面配套保障，提升人才承载力和辐射带动力。

（三）加强本土国际化人才培养

国际化人才不仅包括来华工作的外籍专家人才和具有海外留学经历回国就业的国际人才，也包括具有国际思维视野、专业水准、能力素质等的本土国际化人才。要以国家重大需求为牵引，优化高校学科布局和人才培养结构，深化产教融合、科教融汇，全方位提升国际化人才自主培养和供给能力。注重让本土人才"走出去"，探索培养、访学、借调等多元化人才培养模式，鼓励中国学生赴美国等发达国家以及"一带一路"共建国家和地区留学。加快推进国际化应用人才培养模式改革，推动国内人才教育培养体系与国际接轨，培养出立足本土、具有国际视野的人才队伍。

（四）弘扬"工匠精神"，着力培育高技能劳动大军

"工匠精神"是中国制造的重要内核之一，以"匠心"赋能先进制造，让产品有温度，同样至关重要。建设先进制造业基地，除了依靠技术进步，同样需要有"工匠精神"的高素质劳动者。着力培育千行百业的"工匠"，是建设世界人才中心创新高地的重要路径。

（五）进一步优化人才发展环境

加快完善国际人才服务保障体系建设，创造更好的政策环境和便利条件，解决国际人才工作生活中的后顾之忧，确保"来得了、留得下、用得好"。改革重大科技项目立项和组织管理方式，推行技术总师负责制、经费包干制、信用承诺制，不论资历、不设门槛，让有真才实学的科技人员有用武之地。创新人才评价机制，"破四唯"和"立新标"并举，健全以创新价值、能力、贡献为导向的科技人才评价体系。优化创新人才发展环境，针对海外人才多元化发展需求，加强制度衔接，下沉服务举措，完善国际化基础设施，打造"类海外"的发展环境，增强海外人才的归属感、认同感。

案例三 华友钴业

一、基本情况

浙江华友钴业股份有限公司（以下简称"华友"）成立于 2002 年，总部位于浙江桐乡经济开发区，2015 年在上海证券交易所上市，是一家专注于新能源锂电材料和钴新材料的研发、制造的高新技术企业，现有员工 3 万余人。

经过 20 多年的创业创新、砥砺奋进，华友完成了桐乡总部、境外资源、全球制造、全球市场的空间布局；构建了镍钴锂资源、绿色精炼、锂电材料一体化的产业结构，以及废旧电池循环回收的产业生态；并响应"一带一路"倡议，积极拓展海外资源基地，有效保障供应链安全，实现技术和环保的双重突破。通过转型升级、创新发展和深度开放合作的战略实践，华友成功融入"地瓜经济"发展模式，将资源要素在全球范围内优化配置，实现产业链"藤蔓"向海外的有效延伸。

二、主要做法

（一）闯出"钴"事、"镍"住机遇、坚持"锂"想，"上控资源"保障供应链安全

解决资源保障问题，是华友"走出去"的最初动因。钴、镍、锂

资源是新能源锂电材料生产的重要原材料，但是由于全球资源分布和消费的不平衡，目前我国这三种资源的对外依存度较高，根据 2021 年公开数据统计，中国钴资源占全球储量的 2.1%、对外依存度达 98% 以上，镍资源占全球储量的 1.7%、对外依存度达 93% 以上，锂资源占全球储量的 7.7%、对外依存度也相对较高。

2003 年，华友开始进入非洲刚果（金）考察并启动钴铜资源开发，2006 年开始先后投资了多个矿冶项目，在当地打造了钴、铜矿冶一体化经营模式，为华友国内新材料制造产业的高质量发展提供了稳定的原材料保障。

2018 年，华友围绕国家"一带一路"倡议，走进印度尼西亚开展镍钴矿山资源的开发，突破了制约国内镍钴资源稀缺对锂电产业链供应安全保障的瓶颈。目前华友多个项目正在推进中，其中年产 6 万吨镍（金属量）粗制氢氧化镍钴的华越湿法项目已经投产，项目采用最先进的第三代高压酸浸工艺，集有色金属冶炼和化工提炼于一体，具有高技术门槛、高自动化控制、超低碳排放、环境友好突出的特点，同时创造了世界同类项目规模最大、投资最省、建设速度最快、达产时间最短、运营成本最低的奇迹；年产 4.5 万吨（金属量）高冰镍的华科火法项目也已投入运行。

2022 年 4 月，华友与前景公司完成津巴布韦 Arcadia 锂矿项目的交割。Arcadia 锂矿碳酸锂当量资源量 190 万吨，氧化锂品位为 1.06%。项目完成交割后，华友马不停蹄启动开发项目建设，并于 2023 年实现产出，继续增强华友锂电新能源材料所需的资源储备。

（二）履行义务、践行理念、积极奉献，"友遍天下"加速全球化经营

随着电动汽车、储能系统、智能手机、航空航天等行业的不断发

展，全球对钴资源的需求呈现不断增长的趋势，钴资源的可持续性也引起了全球利益相关方的关注。自 2016 年初开始，国际社会，包括非政府机构和媒体，对全球钴供应链中的人权风险进行了持续报道，其中包括刚果（金）钴矿开采过程中存在非法使用童工等侵犯人权问题，这些问题引起了全世界对钴供应链的关注。

华友从 2016 年开始进行坦诚、艰辛的全球范围的运作，迅速弥补了认知上的短板，提高了对供应链运营风险的管控能力，根据联合国、经济合作与发展组织以及五矿商会的供应链尽责管理指南，在全行业内建立并运行了第一个钴供应链的尽责管理体系。华友一直强调，不仅要重视供应链的管理，更要重视投资国当地的国情和问题产生的根本原因，要治标治本。

华友也在尽责管理中成为首个应用"六步法"管理框架的企业：建立完善的企业管理体系、供应链风险的识别和评估、针对已识别的风险制订并实施应对策略、对供应链中已识别的关键环节开展独立第三方评估与审核、对供应链风险管理过程和结果进行报告、社区改善。这也为华友后续在印度尼西亚投资并持续打造镍供应链尽责管理体系打下了坚实的基础。

2022 年 9 月，华友钴业刚果（金）子公司与矿区周边社区签署《社会责任书》，承诺未来 5 年内投资 425 万美元用于当地社区道路、供电、供水、教育、医疗、环境、农业、职业培训等 25 个项目的建设，积极承担起对周边社区发展的社会责任，努力为社区建设发展发挥积极作用，为投资所在地社区人民谋福祉。

2022 年 11 月，华友与印度尼西亚海洋与投资事务统筹部、东北大学、嘎伽玛达大学、万隆理工大学和乌戎潘当理工学院签署谅解备忘录，就联合培养研究生、本科生、大专生多个层次人才培养模式、人才梯队建设、实习就业等维度达成合作意向。华友依托产业一体化的产业优势，坚持高水平开放，全力提升产业链供应链韧性和安全水平，以"人才链"助力印度尼西亚"产业链""创新链"融合发展，将加快印度尼西亚建设成为世界重要新能源锂电产业人才中心和创新高地的步伐。

三、经验启示

"根在中华、友遍天下"是成就华友事业的基本信念，也高度契合"地瓜经济"的发展模式，华友"走出去"20年也积累了大量的理论经验。

（一）华友走的是一条转型升级之路

华友通过海外投资，在矿石原产地将原生矿料进行粗加工，生产具有更高附加值的中间品，再通过海运运送到包括总部所在地在内的国内制造基地进行深加工，对比原来直接使用原生矿料进行生产，更加绿色、高效，使得国内产业结构更加合理化，产品深加工能力进一步加强。同时，在矿产开发项目基础上，华友追加更大规模的冶炼生产项目投资，并基于全球"双碳"目标，与多方携手共同推动境外绿电开发项目，为投资地作出更大的贡献。

（二）华友走的是一条创新发展之路

一是应用先进技术。如印度尼西亚湿法镍项目采用当今国际上最先进的第三代高压酸浸工艺，具有低成本、绿色环保等多重优势，其将印度尼西亚的资源与中国技术完美融合，投产达产后将对全球镍生产行业格局、镍消费领域产生具有划时代意义的影响。

二是建设境外投资项目。华友与设备供应商共同致力于更有利于企业高效生产的大型装备研发，带动了国产装备出口，创造了新的外贸增长点。

三是创新境外中资企业的履责实践。承担社会责任不仅仅是捐钱捐物，华友真正做到了急投资地居民之所急、急投资地政府之所急，坚持"不管在哪里投资，都要为当地经济社会作贡献"的投资理念，致力于可持续发展。

（三）华友走的是一条开放合作之路

华友践行"合作共建、共享未来"的理念，与众多国内外企业开展战略合作，为开放创新、合作创新创造了有利条件。一方面，华友与巴西淡水河谷公司、福特汽车、大众汽车（中国）、青山控股集团有限公司等多个合作伙伴在境外印度尼西亚等地规划投资新建项目，保障境内供应链安全；同时与 LG 集团、POSCO（韩国浦项制铁集团公司）合作，在境外开展材料制造和废旧动力电池回收等相关业务，进一步扩展全球业务，为产业链高质量发展保驾护航，进一步扩大延伸"地瓜藤蔓"。另一方面，通过多渠道合作共建，壮大"地瓜块茎"。引进外资，与 LG 集团、POSCO 在国内合作成立合资企业，共同打造具有国际竞争力的新能源锂电材料产业链。

案例四　沙特阿美石化项目

一、基本情况

2023 年 7 月，沙特阿拉伯国家石油公司战略入股位于萧山经济技术开发区的荣盛石化，入股金额达 34 亿美元，刷新民外合资新纪录，实现了高水平"走出去"与高质量"引进来"的有机结合，成为浙江实施"地瓜经济"提能升级、资源要素全球配置的典范。

二、主要做法

2023年3月27日，荣盛石化股份有限公司（以下简称"荣盛石化"）控股的浙江荣盛控股集团有限公司（以下简称"荣盛控股"）与战略方 Saudi Arabian Oil Company（以下简称"沙特阿美"）的全资子公司 Aramco Overseas Company B.V. 签署股份买卖协议，拟将其所持有的荣盛石化 1012552501 股通过协议转让的方式转让给沙特阿美，同时荣盛石化与沙特阿美签署战略合作协议及一系列商业合作协议。2023年7月21日，荣盛控股足额收到沙特阿美支付的本次股份转让价款，合计人民币 246.05 亿元。

（一）链群配招大引强，以最高适配牵手最佳伙伴

荣盛石化作为总部位于萧山经济技术开发区的大型民营石化龙头企业，主要从事各类油品、化工品、聚酯产品的研发、生产和销售。沙特阿美作为世界级的一体化能源和化工公司，同荣盛石化互为产业链上下游，具有明显的互补优势。依托沙特阿美庞大的海外销售渠道和炼油、石化等领域的先进技术，荣盛石化能够打开国际市场，拓宽营收渠道，促进技术创新和转型升级；对于沙特阿美来说，沿着石化产业链选择萧山经济技术开发区，可以携手荣盛石化开拓其在下游的化工品市场。

（二）全流程服务支持，以最快速度使得资金到位

荣盛石化、沙特阿美股权并购项目作为 2023 年浙江省经济技术开发区单笔金额最大、情况最特殊的到位外资项目，纳统涉及的具体

事务性工作繁多。为做好该项目服务工作，萧山经济技术开发区充分发挥"店小二"精神，建立全区荣盛外资推进群，相关部门及企业人员积极开展线上联动，按照及时上报统计资料的要求，细化工作流程、倒排时间节点、责任落实到人，为荣盛石化、沙特阿美股权并购项目外资纳统做好全方位服务。

（三）省、市、区上下联动，以最强保障确保项目落地

萧山经济技术开发区从外资纳统专业维度对荣盛石化、沙特阿美股权并购项目进行全面梳理并提前与企业进行沟通，通过省、市、区三级联动，多次走访服务企业，上门解答企业疑问，多方协调对接有关部门，大大压缩办事周期。

三、经验启示

浙江开发区高质量实施"地瓜经济"提能升级"一号开放工程"，在坚持高水平"走出去"闯天下与高质量"引进来"强浙江进程中，不断优化营商环境，紧钉大好项目，以链引链招商。

（一）一流平台承载一流项目

开发区是招引项目的主阵地、主力军，制度和人才缺一不可。高质效的体制机制是重中之重，浙江坚持目标导向、效果导向，以项目论高低、用数据来说话，着力构建"力量下沉、重心下移、扁平高效"的工作机制，提升了项目落地的效率和效能。高水平的干部队伍是关键所在，浙江树立"重实干重实绩"的用人导向，优化调整中层干部队伍，推动更多干部下沉一线，鼓励干部在实战中增长才干，营造比学赶超、争先创优的浓厚氛围，锻造一支懂企业、懂产业、懂经济的专业化干部队伍。

（二）一流环境吸引一流项目

优化提升营商环境是新形势下赢得发展主动的"竞争力"。要加快从便捷服务到增值服务的全面升级，全面对标新版世界银行评价指标体系和高标准国际经贸规则，加大数字赋能、优化业务流程、提高审批效率，打通"数据孤岛"，破除"数据壁垒"，创新使用线上招商引资全过程管理、国有房产和水电费综合监管、人才公寓管理、政策兑现、开发区企业数据底座、数字孪生 3D 地图、驾驶舱等应用，提升政策集成度、精准度、时效度，实现了可感知、得实惠、真认可的重大发展成果。

（三）一流保障服务一流项目

唯有以变应变才能破旧立新。要加快从能创业到开新局的全面升级，既要让企业在浙江这片沃土上能创业、创成业、创大业，又要能应变局、开新局、创胜局，使经济生态融为企业的核心竞争力。加强规划引领，促进产业结构优化调整，提升产业创新力和区域竞争力，通过空间、人才、科技全方位要素保障，有效推动重大项目落地。突出产业导向，推进空间再造，引导支持企业对既有产能、排放、能耗、用地等资源要素进一步精准配置、高效利用，为筑巢引凤打下良好的基础。聚焦"高精尖缺"导向，加大海内外高层次人才、领军型创新创业团队等引育力度，进一步优化人才项目推进，切实提升招才引智工作质效。强化创新驱动，加大研发机构培育力度，推动知识产权体系完善，推进科创中心、研究院和实验室等研发机构建设发展，强化平台赋能，为引进高精尖项目打牢地基。

第 四 章
提能升级的关键：
提升产业链自主可控能力

　　习近平总书记强调，"产业链、供应链在关键时刻不能掉链子，这是大国经济必须具备的重要特征"[①]，"着力提升产业链供应链韧性和安全水平"[②]。面对世界百年未有之大变局，顺应全球产业链供应链本土化、区域化、多元化、数字化和服务化新趋向，必须积极抢抓全球产业链调整机遇，主动拓展国际市场，深化产业链供应链开放合作，加快培育本土跨国公司，增强关键环节自主可控能力，推动短板产业补链、优势产业延链、传统产业升链、新兴产业建链，打造自主可控、安全可靠、竞争力强的现代化产业体系。

---

　　① 习近平：《国家中长期经济社会发展战略若干重大问题》，《求是》2020年第21期，第4-10页。

　　② 习近平：《高举中国特色社会主义伟大旗帜 为全面建设社会主义现代化国家而团结奋斗——在中国共产党第二十次全国代表大会上的报告》，《人民日报》2022年10月26日，第1版。

第一节　全球产业链供应链发展态势

一、全球产业链供应链发展新形势新趋势

党的二十大报告强调，着力提升产业链供应链韧性和安全水平。这为我国完善产业政策、科技政策、开放政策，加快构建新发展格局指明了方向。当前，受大国博弈、地缘政治冲突、新一轮科技革命和产业变革等因素影响，全球产业链供应链调整呈现以下五个方面的趋势。

（一）本土化趋向

市场经济在本质上不仅要求形成统一的全国大市场，而且要冲破国家界限，实现一体化的全球市场和全球经济。市场经济的重要特征之一是分工，通过分工的不断细化和深化，实现效率的提升。为了提升效率，市场经济会内生地推动分工演进和发展。20 世纪 80 年代以来，随着技术进步和产业变革不断演进，分工效率不断提升，交通、物流、通信等交易成本也不断下降，从而使得国际分工朝着日益深化和细化的方向发展。从区位布局角度看，全球价值链分工发展演变的一个重要特征就是，具有不同要素密集度特征的产业以及产品生产环节和阶段，在地理空间上呈现向不同国家和地区集聚；具有相同或类似要素密集度特征的产业以及产品生产环节和阶段，在地理空间上向具有相似要素禀赋的国家和地区集聚。前者主要以"垂直分工"的形态存在，在全球价值链分工模式中通常被称为"蛇形模式"；后者主

要以"水平分工"的形态存在，在全球价值链分工模式中通常被称为"蛛网模式"。这两种模式交织在一起构建了复杂的全球生产网络体系。改革开放以来，中国成为产业和产品生产环节国际梯度转移的重要承接地，并成为全球价值链分工的枢纽和核心之一。贸易保护主义和新冠疫情的冲击促使一些国家和地区意识到，一旦产业链条中关键环节和阶段出问题，就会危及产业链供应链的安全。出于产业安全考虑，原有全球价值链布局可能会出现一定程度的收缩，将相关产业和产品生产环节迁回本土。正如诺贝尔经济学奖获得者斯蒂格利茨指出，当下的局势告诉我们，各国必须竭力在利用全球化与必要的自力更生之间取得更好的平衡。美国等发达国家的重振制造业计划、日本拨出巨额贷款用于"供应链改革"项目等一系列鼓励产业回流的政策举措，无疑将加速全球价值链的区域布局，并朝着本土化方向发展。

（二）区域化趋向

虽然生产网络的布局具有全球性特征，但区域生产网络在其中仍然扮演着极为重要的角色。无论是从价值链的前向关联角度，还是从后向关联角度看，区域内的关联程度显然都要高于与区域外的关联程度。当前，全球价值链主要由三大区域价值链构成，即北美区域价值链、欧洲区域价值链和亚洲区域价值链。三大区域价值链之间通过投入产出关联，进一步构成了全球价值链分工体系。在全球价值链分工体系形成过程中，区域价值链一直扮演着重要角色，这显然是受到许多因素共同作用的结果。需要指出的是，在推动全球价值链分工演进的因素中，技术并非是唯一的，制度因素同样发挥着极为关键的作用。甚至可以说，制度因素在推动经济全球化和国际分工演进方面比技术因素更加重要。当前，制度因素成为促使价值链分工由全球性向区域性演变的关键因素。前一轮经济全球化的发展，离不开贸易和投资自由化制度和规则的保障作用。然而，当前世界贸易组织（WTO）框架的原有国际经贸规则和治理体系，一方面由于未能与时俱进，从而在推动经济全球化发展和全球分工演进方面的作用明显下降；另一方面由于受到各种因素的影响，主要是发达国家单边主义的影响，使得世界贸易组织的作用大大减弱，其改革也面临巨大困难。在这一背景下，双边和区域性的贸易协定就成为一种必然选择。在世界贸易组织改革举步维艰的情况下，各种双边和区域贸易协定的发展，必将对全球产业链供应链调整带来重要影响，推动全球价值链进一步朝着区域化方向发展。因此，基于这一判断，未来全球价值链中北美价值链、欧洲价值链和亚洲价值链所形成的"三足鼎立"的发展格局可能会越发明显。麦肯锡全球研究院发布的《全球价值链变革与新"中国效应"》指出，随着运输和沟通成本下降，加之全球价值链向中国等发展中国家扩张，长距离海洋贸易往来愈发普遍，在2000—2012年间，同一地区内的国际商品贸易（而非远距离贸易）占全球总贸易的比例已从51%下降到45%。然而，这一趋向近年来受到全球价值链重构的影响正在发生逆转，突出表现为区域内贸易占全球商品贸易总量的比例在逐步提高。这种变化一定程度上反映出世界经济格局的变化，比如新兴市场的消费增长，尤其是亚洲地区的增长势头迅猛，而该趋向在全球创新价值链中表现最明显，因为这一类价值链需要密切整合许多供应商，才能展开准时生产排序。受到当前技术变化、逆全球化冲击等多种因素影响，全球价值链重构的区域化特征开始显现。

（三）多元化趋向

基于安全性角度考虑，全球价值链可能会呈现出一定的收缩，即价值链的区域布局可能会出现一定的本土化迁移现象，但分工的效率因素仍然是价值链布局的重要因素。也就是说，在两种因素的共同作用下，虽然价值链分工可能出现一定程度的内卷化趋向，但可以预期的是，实现完全的本土化绝无可能。况且，经济全球化发展是社会生产力和技术进步的必然结果和客观规律，是不以人的主观意志而改变的。因此，分工突破国界而向外部拓展和深化，在尽可能大的范围整合和利用资源以实现效率最大化，仍然是企业的战略需求。从上述意义看，统筹安全和发展不仅是企业层面需要慎重考虑的发展战略，更是国家层面需要考虑的重大战略。因此，一味地以安全为由而无视效率，或者一味地为提升效率而不顾产业发展的安全，都不可取。为了解决好上述两个方面看似矛盾的问题，究竟采取何种发展模式和策略，取决于两种力量的对比情况。如果更加注重效率而将安全因素置于次要地位，那么全球化分工的趋向就会加强，并呈现相同或相似要素密集度特征的环节和阶段在地理空间上相对集聚的现象，这正是全球价值链前一轮发展演变的基本逻辑。如果更加注重安全因素而将效率因素置于次要地位，那么全球价值链就会出现一定的"收缩"趋向。这正是全球价值链当前出现一定的产业回流和内卷化发展的基本逻辑。

实际上，如果进一步理解所谓产业链供应链安全稳定问题，就不难发现其本质是一旦生产链条中某个环节遭到破坏，可能会产生整个生产过程难以继续运转的风险。例如，目前理论和实践部门重点关注的中国产业发展面临的"关键零部件"缺失或者关键技术"卡脖子"问题，一旦遭遇像新冠疫情这种外生冲击而导致供应链"断链"，或者因经贸摩擦升级而导致供给中断，就极有可能引发产业安全问题。为了避免这一问题，除了本土化和区域化之外，另一个解决产业链供应链安全稳定问题的重要方式就是尽可能保障产业链各个环节和阶段均具有可替代性，如此便能保证某个供应方中断合作时，有其他供应方及时替补。因此，为化解产业链供应链安全隐患并尽可能实现效率最大化，未来全球产业链供应链调整将会朝着多元化方向演进。

（四）数字化趋向

当前，世界主要国家纷纷围绕新技术新产业进行战略部署，力图在新一轮全球化中掌握主动权，这直接推动全球产业分工格局发生变化。数字化、网络化、智能化新技术的发展应用，不仅带来了产业思维模式的改变、催发了新需求的产生，还将推动不同生产要素的相对重要性发生变化，进而导致不同国家间的资源禀赋优势发生变化，最终影响全球产业分工格局。技术革命和产业变革的一个重要发展方向是数字化。作为生产要素的数据，无论是在生产还是在管理中，其重要性日益凸显。麦肯锡全球研究院曾在 2019 年发布的《制造业数字化转型取得成功的六大因素》中指出，伴随数字技术的不断进步和发展，制造业已在众多数字化领域和方面取得了成功。例如，在汽车制造业，数字孪生、预见性维护和数字质量系统等多种颠覆性数字解决方案，已经能够在冲压、车身和油漆车间以及装配过程中释放安全、质量和生产效率等方方面面的价值。生产过程实现数字化意味着将依托数字化实现工艺创新和过程创新，实现工业模式的进一步转型升级。例如，可以通过在线监测和数据分析实现产品品质控制；依托数字化实现柔性制造和敏捷制造，解决小订单生产问题；依托数字化实现传统车间（工厂）向智能车间（工厂）的转型。在管理领域，依托数字化可以实现从低附加值向高附加值环节延伸和转型。全球产业链供应链的数字化转型可能会产生两个方向相反的影响：一是进一步深化专业化分工，从而促使全球产业链供应链不断向纵深方向延伸，新模式、新业态和新产业将不断涌现；二是制造设备和工艺的数字化、智能化会提高一些行业一体化生产和本地化生产程度，导致部分领域和行业的专业化分工减少，从而引起全球产业链供应链收缩。

（五）服务化趋向

伴随技术进步，全球价值链进一步从制造业领域向服务业领域拓展和延伸。当前服务业也是一个"碎片化"快速发展的行业，从而使得服务品的不同阶段和环节被日益分解，并被配置和分散到具有不同比较优势的国家和地区。全球价值链分工不仅发生在制造业领域，同样存在于服务业领域，服务业"全球化"和"碎片化"成为当前经济全球化重要表现形式和特征。麦肯锡全球研究院在 2019 年发布的《转型中的全球化：贸易和价值链的未来》报告中曾指出，2017 年服务贸易总额达到 5.1 万亿美元，这一数字与 17.3 万亿美元的全球货物贸易相比虽然还有不小的差距，但在过去十年中，服务贸易的增长速度比货物贸易快了 60% 以上。一些子行业，包括电信和 IT 服务、商业服务和知识产权收费，增长速度提高了两到三倍。这种变化一定程度上说明了全球价值链向服务业领域的拓展，即服务化发展趋向。随着服务业和服务贸易的发展，服务业不仅仅是中间投入，而且已经深入价值创造的活动中、渗透到物质产品的生产活动中。比如，服务业创造了大约 1/3 的交易制成品价值，研发、营销、财务和人力资源等都为物质产品的生产和进入市场提供了不可或缺的支撑；又如，跨国公司向其全球附属公司投入的无形资产蕴含着巨大的价值，包括软件、品牌、设计、运营流程以及总部开发的其他知识产权等，这些都是服务的范畴。全球产业链供应链服务化发展趋向，在一定程度上增强了产业链供应链本土化、区域化发展趋向。

需要指出的是，虽然由于受到外部突发事件的冲击，引发国家和企业层面对全球产业链供应链安全问题的重视，但正如查尔斯·P. 金德尔伯格、罗伯特·Z.阿利伯在《疯狂、惊恐和崩溃：金融危机史》一书中分析指出，人们在遭遇危机冲击时往往会表现出过度恐慌，从而采取一些非理性举措。因此，当前部分国家的跨国公司重新考虑全球价值链的区位布局问题，极有可能是过度恐慌和过度反应的结果，由此带来的产业链供应链调整是否具有长期性尚值得进一步观察。或许，在外生危机冲击之后，当人们的"理性"因素逐步恢复到"正常"水平时，效率因素可能会重新回归到主导地位，而所谓产业链供应链安全稳定又会退居次位。况且，排除贸易保护主义不论，产业链供应链能否依赖本土化、区域化解决安全稳定等问题，实际上是存在着很大疑问的。

二、浙江产业链供应链发展现状

浙江发挥块状经济优势，聚焦特色优势产业，围绕提升产业链供应链稳定性和竞争力，持续强化省级统筹协调和县域分工协作，串珠成链、集链成群，着力锻造一批服务全国大局的标志性产业链。

（一）"415X"先进制造业集群基本成形

立足特色优势、做强主导产业，是习近平同志在"八八战略"中给予浙江的深刻启迪，更是浙江制造决胜未来的必然选择。2020年，浙江实施制造业产业基础再造和产业链提升工程，聚焦智能装备、数字安防、智能计算等十大标志性产业链，打响产业链现代化攻坚战。2022年8月，《浙江省人民政府关于高质量发展建设全球先进制造业基地的指导意见》提出，打造新一代信息技术、高端装备、现代消费与健康、绿色石化与新材料等4个万亿级世界级先进产业群；在4个世界级先进产业群框架下，重点打造集成电路、数字安防与网络通信等 15 个千亿级特色产业集群；同时面向人工智能、第三代半导体、基因工程等前沿领域，布局 "X" 个百亿级 "新星" 产业群。同时，围绕集成电路、高端新材料、新能源、生物医药等国家倡导发展的战略性新兴产业，浙江也加快布局一批标杆性大项目。2022 年，浙江十大标志性产业链实现规上工业增加值 13351.8 亿元，规上利润 3980.7 亿元，规上研发费用 2146.9 亿元，分别占全部规上工业企业的 61%、67.9%、68%；现代纺织与服装产业规上营收达到 1.1 万亿元，居全国第一；绿色石化产业规上营收达到 1.72 万亿元，居全国第三；智能物联产业规模逼近万亿元；在 31 个制造业门类中，有 12 个行业的营收和利润均占全国 10% 以上。

（二）产业链核心区协同区一体布局

浙江首创产业集群 "核心区 + 协同区" 布局模式，面向有基础有条件的县（市、区），综合考虑特色优势、规模效应、集群生态、创新能力、成长潜力、政策环境等因素，在每个产业遴选培育一批产业集群的核心区和协同区。其中，核心区主要是集聚世界一流企业和科创平台，在产业链关键核心环节具备优势，着力打造全产业链集聚区域；协同区主要是强化产业链细分领域竞争优势，与核心区优势互补，共同强链固链。全省各地通过差异化定位，聚焦当地特色优势发展，做到有所为、有所不为。目前，已在全省 11 个设区市布局 35 个核心区、53 个协同区，形成全省 "一盘棋"、规划 "一张图"。

（三）集群竞争优势加快构建

浙江扎实推进新一轮制造业 "腾笼换鸟、凤凰涅槃" 攻坚行动，大力实施空间腾换、招大做强、企业优强、品质提升、数字赋能、创新强工六大攻坚行动，推动产业迈向高端化、智能化、绿色化，全面推动经济发展质量变革、效率变革、动力变革，为制造业注入"先进"之魂。全省共改造开发低效工业用地 3.67 万亩，招引落地总投资 10 亿元（或 1 亿美元）以上重大制造业项目 93 个，新增境内外制造业上市公司 33 家，新增"品字标浙江制造"认证企业 790 家，新增未来工厂 30 家、智能工厂培育项目 166 个，取得硬核科技成果 72 项，制造业的发展模式和组织形态正在发生根本性变化。截至 2022 年底，隐形冠军企业、专精特新"小巨人"企业利润总额分别增长 3.1%、13.8%，比规上工业分别高 17.1 个、27.8 个百分点；规上企业达 55093 家，世界 500 强企业达 9 家，民营企业 500 强达 107 家、连续 24 年居全国第一。

三、全球产业链供应链发展新形势新趋势对浙江的影响分析

浙江对外开放程度高，产业链供应链与全球生产网络紧密联系高度融合，任何环节的波动都可能对产业链供应链产生系统效应。

一方面，全球产业链供应链调整新趋势给浙江带来不少挑战。近年来，世界经济增长受地缘政治、贸易摩擦、新冠疫情等影响持续放缓，经济全球化遭遇逆流，单边主义、保护主义抬头，势必影响我国经济增长步伐。同时，新一轮科技革命推动国际产业分工重塑，全球产业链、供应链、价值链加速区域化、本土化整合，部分国家倡导制造业回流，强推"脱钩断链"全球供应链体系正在进入"以我为主"新发展格局，产业链供应链面临巨大挑战。首先，产业链供应链中断压力明显，由于原材料受制于人、跨国贸易壁垒和地缘政治冲突始终存在，供应链仍存在停摆风险。加上浙江多数企业缺乏对产业链关键环节核心技术的掌控，"卡脖子"风险加大。其次，贸易订单回落和流失风险增加。海外局势动荡的背景下，全球运力紧张、物流和通关检

测效率下降，生产成本增加、资金周转率下降，进出口贸易订单交付压力明显增大，对浙江外贸市场造成冲击。最后，产业链外迁可能性加大。长期来看，在全球复杂形势影响下，全球产业链、供应链正经历新的变迁，产业链供应链区域化、本土化趋势明显，部分外资企业为分散风险，逐步转移、回流产业链，尤其是产业链关键企业供应能力减弱，对浙江产业链稳定造成影响。

另一方面，全球产业链供应链重塑新趋势也将给浙江带来机遇。产业链供应链的形成是经济全球化背景下全球分工的结果，是重要的全球公共产品。站在全球化竞争的大视野下，加入《区域全面经济伙伴关系协定》（RCEP）等给我国企业重构供应链、成为供应链核心提供了机遇，为我国与相关国家共同建设"一带一路"以及中资企业对外投资创造了广阔的发展前景。特别是我国作为世界制造大国和最大的消费者市场，有着全世界最广泛、最完整的产业链和供应链布局，一大批中国企业正在通过原创性的技术创新、国际化的客户结构以及绿色安全韧性供应链的构建，参与全球市场竞逐。浙江作为工业大省，大力实施制造业产业基础再造和产业链提升工程，深度参与全球化体系和世界工厂建设。但总体上看，竞争关键环节还存在断供断链风险，需要加快建立供应链备份体系，在国内、长三角等区域找到配套体系，或者引进供应链优质企业在省内建立配套基地，鼓励浙江现有企业开展产业链关键技术研究，形成自主可控技术能力，摆脱"卡脖子"产业链环节的威胁，增强产业链供应链韧性。

总体来看，虽然当前产业链供应链发展存在诸多风险，但有效宏观政策也增强了产业链供应链韧性。我国经济稳中向好、长期向好的基本面没有变，浙江工业基础厚实、体系完备，市场主体活力强的优势更是没有变。随着减税降费、金融支持、"双链"畅通等一系列稳增长措施的相继实施、靠前发力，有力支持各类市场主体发展，产业链供应链稳定性持续增强。

第二节 深化产业链供应链开放合作

一、深化产业链供应链开放合作迫在眉睫

当前，国际环境和国内条件都在发生着深刻而复杂的变化，产业链供应链稳定运行面临不少风险挑战。从国际看，百年变局和新冠疫情后的"疤痕效应"相互交织，国际产业分工格局加速重构，全球产业竞争版图深刻调整，地缘政治和极端事件对全球产业链供应链影响加剧。从国内看，要素结构性短缺，资源价格成本上升，产业链循环不畅、卡点堵点增多，保持产业链供应链稳定运行需付出更大努力。为有效应对全球经济不确定性和产业链供应链负外部性影响，中国应掌握战略主动，以更大程度的开放合作推动开放、安全、稳定的全球产业链供应链体系建设。

（一）深化产业链供应链开放合作是应对美国遏制打压升级的必然要求

美国对华制裁的行业领域分布于电子技术、通信技术、人工智能与安防等战略性新兴产业，被制裁实体多为高科技企业和科研机构，最主要的影响是限制核心技术对华出口，从增加外贸风险、限制技术创新、阻碍地区产业集群发展等方面干扰中资企业的正常

生产经营。从 2023 年下半年，美国继续通过出口管制措施，对我国产业链供应链发展进行遏制的系列举措来看，未来一段时间我国仍将持续遭受限制和打压。浙江半导体、人工智能、数字安防、网络通信等产业将持续受到影响，如高端芯片的断供、安防及通信产品的全球化发展受阻，相关电子信息龙头企业的发展也会受到严重影响。

（二）深化产业链供应链开放合作是企业主动"走出去"全球布局的必然要求

近年来，受中美经贸摩擦、俄乌冲突和国内土地、劳动力价格不断上涨等重大因素交织影响，企业对外投资步伐呈现加快趋势。2022 年浙江新设备案境外投资企业 785 家，对外投资备案额达 130.41 亿美元，同比增长 45.04%，从实际对外投资额看，2022 年为 142.6 亿美元，创 5 年来的新高。2020、2022 年对外投资分别受中美经贸摩擦和俄乌冲突影响，实际投资增幅分别达到 43.8%、22.1%，这是企业对宏观环境变化的主动反应。以浙江企业为例，"走出去"以主动布局为主、以做产业增量为主、以制造业为主、落地区域以东南亚为主、以做强本土总部经济为主要形态。

（三）深化产业链供应链开放合作是强化能源资源保障的必然要求

能源是国民经济的命脉、现代社会的基石，能源安全直接关系国家安全、社会稳定与经济发展。我国是全球最大的发展中国家，能源生产、消费和进口量均居世界第一，巨大的市场需求凸显了保障能源供给的压力。当前，资源紧缺、气候变化、环境污染等全球性问题日益突出，国际环境复杂多变，我国能源安全面临多重风险叠加的严峻挑战。从化石能源看，我国石油、天然气资源匮乏，技术可开发量分别约为 36 亿吨、6.3 万亿立方米，仅占全球总量的 2%、1%，人均占有量分别仅为世界平均水平的 17%、7%。目前，我国进口石油 80% 以上来自中东、北非等地区，运输需经霍尔木兹海峡、马六甲海峡等要道，存在"卡脖子"风险。深化产业链供应链开放合作，能够进一步根据能源资源需求，推动产业优化布局和能源资源配置，促进产业链供应链安全稳定。

二、浙江深化产业链供应链开放合作的实践和成效

浙江经济外向度高，产业发展较为成熟，以浙江本土跨国公司为代表的浙江企业率先"走出去"发展，在抢抓全球产业链调整机遇、积极拓展国际市场、提升产业竞争力、畅通产业链内外循环等方面取得了明显成效。2022 年，浙江进出口总额达到 4.68 万亿元，增长 13.1%，规模居全国第三位；数字贸易进出口 6335.5 亿元，增长 14.5%；实际使用外资 193 亿美元，增长 5.2%，规模居全国第五位；浙商企业"走出去"数量和规模均居全国前列。

（一）把民营跨国公司打造成为提升浙江产业全球竞争力的主力军

浙江"走出去"具有明显的龙头企业带动印记。2017 年浙江在全国率先出台本土民营跨国公司培育计划，通过三年精心培育，20 家具有国际竞争力、总部设在浙江、国际形象良好、海外布局业内领先、跨国经营指数较高的本土民营跨国公司脱颖而出。2022 年度浙江本土民营跨国公司"领航企业"名单，吉利、万向、华立等 50 家企业平均跨国指数 30.8%，高出全国 100 大跨国公司指数 15.2 个百分点。新冠疫情暴发并在全球蔓延以来，浙江本土跨国公司统筹利用全球资源配置优势，加强全球供应链整合，协调海外资源保持产能，确保订单客户不流失。其基于全球布局所形成的强大公共风险

应对能力，为企业发展稳住了阵脚、增强了动力。

（二）把境外经贸合作区打造成为浙江参与国际产业分工合作的重要载体

近年来，浙江把境外经贸合作区作为开放强省的重要抓手来建设，支持龙头企业"走出去"建设境外经贸合作区。由于海外产业链相对不完整，境外园区根据产业链科学招引入园企业，用完善的配套服务为经验不足的中小企业提供避风港，带动了国内装备技术快速走出去，拉动外贸出口。截至 2023 年底，全省共有省级以上境外经贸合作区 19 家，其中国家级 4 家，在更好利用两个市场两种资源、参与国际产业分工合作中发挥了重要作用。同时，在科技资源富集的区域积极推动建设科技研发型园区，通过"资本孵化＋招引回国＋国内成长"的模式，实现了省内海外联动发展。比如，杭州经开区投资的美国硅谷钱塘中心，一手抓创投孵化，一手抓项目引进，利用硅谷人才优势引导省内企业在中心设立研发中心孵化项目，目前累计入园企业 28 家，浙江企业占比 39.2%。

（三）把国际营销网络打造成为提升浙江产业全球竞争力的重要渠道

构建国际营销网络、延伸营销链是浙江企业提升国际竞争优势的有效路径，也是浙商企业"走出去"的重要内容。一是通过构建营销网络，助力企业开拓目标国际市场，扩大业务规模。比如，海亮股份通过收购美国知名铜管销售企业 JMF 公司，整合了美国的营销网络，并将其与海亮股份的生产、技术优势相结合，得以快速布局美国市场。二是通过构建营销网络，助力企业树立自有品牌，提升全球竞争优势。比如，万向集团构建了覆盖全球 50 多个国家和地区的国际营销网络，发挥"互联网＋"产业优势，通过"产品'走出去'—人员'走出去'"，带动品牌"走出去"。三是通过构建营销网络，助力企业获取市场消费信息，反哺产品设计创新与技术改进。比如，浙江森马服饰股份公司收购欧洲领先的中高端童装集团——Kidiliz 集团，以品牌要素为核心，整合企业价值网络，将企业价值增值锁定在品牌价值、研发设计、营销渠道与供应网络等高附加值环节。

三、新征程上深化产业链供应链开放合作的政策思考

习近平总书记多次强调，必须维护产业链供应链的全球公共产品属性，坚决反对把产业链、供应链政治化、武器化[①]。只有坚持全球产业链供应链开放合作，才会带来共赢发展。深化产业链供应链国际合作，共同构筑安全稳定、畅通高效、开放包容、互利共赢的产业链供应链，是我国加快构建双循环新发展格局的重要内容，也是提升产业链供应链韧性和安全水平的重要支撑。应通过构筑互利共赢的产业链供应链国际合作体系，化解外部系统风险，实现全球产业链供应链价值链的包容性发展。

（一）坚持走出去和引进来"双循环"

以"一带一路"建设为统领，更加注重双向开放，更好统筹国内国际两个市场、两种资源，畅通以产业链合作为链接的国内国际双循环，实现"根茎在内、藤蔓在外"的全球化布局。要激活国内大循环的超大规模内需市场潜力，虹吸全球资源要素，既要把优质存量外资留下来，还要把更多高质量外资吸引过来，提升贸易投资合作质量和水平。发挥自贸试验区在制度创新方面的作用，促进自贸试验区联动发展，由内而外构建面向全球的高标准自由贸易区网络。我们更要明确产业链全球合作的目标路径，支持企业扩大对外投资与并购，通过

---

① 习近平：《国家中长期经济社会发展战略若干重大问题》，《求是》2020 年第 21 期，第 4-10 页。

产业链全球布局带动浙江装备、技术、标准、服务"走出去"，提升在全球价值链中的位置。

（二）引导产业链全球高质量布局

全面审视全球产业链重构问题，努力把握后疫情时代企业海外发展机遇，为构建全球产业链积极谋划。深化重点区域产业链合作，加强"一带一路"、《区域全面经济伙伴关系协定》（RCEP）、中非和中欧区域投资与贸易政策研究，提前研究《全面与进步跨太平洋伙伴关系协定》（CPTPP）规则和重点合作领域，增强战略远见和政策储备，深化区域深度合作。积极培育重点企业，深入实施"凤凰行动""雄鹰计划"和培育本土民营跨国公司"丝路领航"行动计划，鼓励企业做大做强，提升企业全球竞争力。加强对数字经济、智能制造、生命健康、新材料等战略性新兴产业的产业链跨国合作的支持力度，鼓励企业对外并购"卡脖子"技术、产业链补链和延链项目，重构国内产业链供应链价值链循环体系，增强自主可控能力。

（三）推进境外高能级开放平台建设

境外经贸合作区是产业链双循环的枢纽节点。要优化境外经贸合作区投资布局，鼓励"钱塘硅谷中心"模式复制推广，推动在日本和欧洲布局科技研发型园区，促进创新链全球合作，带动产业链提升发展。借鉴华立集团、万邦德集团等龙头企业在南非、肯尼亚、乌干达等国家布局制造型园区，积累拓展非洲市场的经验。发挥塞尔维亚园区、"一带一路"捷克站等商贸物流园区在浙欧经贸合作中的支点作用。支持青山印尼纬达贝工业园区、恒逸文莱石化园区建设，促进产业链上下游企业合作，打造有韧性的跨国产业链。要促进境外园区与省内经济开发区联动发展，引导境外经贸合作区为国内总部经济服务，引导园区重点创新项目回归发展，促成一批国内国际双循环合作项目落地，支持一批国际并购产业园建设。

（四）加强境外投资风险防范

加强跨国产业链安全发展，探索建立境外投资风险防范机制，发挥法律、会计、安保、咨询等中介机构作用，提高企业海外投资风险防范能力和投资收益。依托中国出口信用保险公司、中国进出口银行等政策性金融机构和一批商业保险机构，提升金融保障水平和风险抵御能力。发挥境内外商协会作用，深化"丝路护航"行动，联合各地为产业重点企业做好服务指导。指导和监督企业规范海外经营行为，引导企业遵守东道国法律法规、保护环境、履行社会责任，防止国内企业在外恶性竞争，防范所在国选择性执法，筑牢安全经营底线，确保产业链跨国合作安全和海外利益。

第三节　加快培育本土跨国公司

一、加快培育本土跨国公司是制胜未来的关键一招

跨国公司是指由两个或两个以上国家的经济实体所组成，并从事生产、销售和其他经营活动的国际性大型企业。跨国公司是主导全球生态网络变化、产业链布局最重要的因素。本土跨国公司是一个国家竞争力的代表，是一个国家利益在全球存在的象征。当前，世界之变、时代之变、历史之变正以前所未有的方式展开，不稳定、不确定、不安全因素日益突出，给跨国公司进一步发展带来巨大挑战，也赋予了

跨国公司维护产业链供应链稳定和国家安全等新的重要使命。要想主动地将供应链拓展到国际，关键是要形成本土"链主"型跨国公司，通过统筹国际国内，统筹产业链上下游环节，在更大空间尺度的产业全球布局中提高发展能级。

（一）跨国公司发展进入新阶段

跨国公司经营的全球化、内部化和网络化发展，其主要作用是加深了世界各国之间生产、交换、流通、消费、技术与产品研究开发等方面的协作关系，使世界经济从各国国民经济的简单排列组合变为跨国公司的排列组合，突破了经济发展的地域限制。自 2013 年起，民营企业代替国有企业成为我国走向全球市场、进行海外直接投资的主体。通过努力积累技术、品牌、渠道等各项竞争优势，在全球范围内整合人才、技术、资金和自然资源，从对产品制造环节的跨国经营转为全球经营布局，不断提高国际化经营能力及综合竞争力。

（二）跨国公司发展面临新挑战

一是地缘政治复杂形势使企业海外经营风险上升。长臂管辖、气候变化、恐怖袭击、治安风险的发生概率大幅度上升，增加相关企业海外经营的政策、法律、安全、汇率风险，提高了企业跨国经营的难度。二是规则制度接轨国际化程度不够高。我国参与国际标准制定的水平低，企业与国际非政府组织和工会沟通能力有待加强，同时受对华遏制措施影响，优质资源要素投资并购难度不断加大，企业品牌国际化战略受阻。三是拓展国内外市场的支撑力偏弱。商贸流通企业普遍小而散，具备全国乃至全球影响力的品牌型、龙头型企业数量不多，海外营销、支付结算和仓储物流等建设不足，覆盖全球、安全可靠、高效畅通的现代物流网络尚未形成，对拓展国内外市场的支撑力偏弱。

四是跨国经营管理人才短缺。企业人才国际化水平不高，缺乏足够规模、经验丰富的跨国经营管理人才，是目前本土跨国企业面临的普遍问题。特别是尖端技术的领军人才、资深的跨国经营高级管理人才等个性化人才，更远远满足不了企业需求。五是政策支持体系需要进一步完善。比如，在外汇进出、税收等方面提供更具可操作性的政策支持，企业国际化经营仍缺乏融资渠道，境外投资保险方面还存在险种不足、保费过高等问题。

（三）跨国公司发展肩负新使命

党的十九届五中全会通过的《中共中央关于制定国民经济和社会发展第十四个五年规划和二〇三五年远景目标的建议》提出，要加快构建以国内大循环为主体、国内国际双循环相互促进的新发展格局。积极培育本土民营跨国公司，可以为"双循环"提供能源资源的重要保障、内外联通的重要纽带、嵌入全球产业链供应链的重要渠道。面对当前风云变幻、错综复杂的国际经济环境，更需要我们引导和支持浙江省民营跨国公司更深入地参与国际大循环，促进国内大循环，进一步发挥本土跨国公司的示范引领作用，抢抓重大战略机遇，积极参与国际产业链重构，坚定不移深化国际合作，共同维护全球产业链供应链安全稳定，勇当构建新发展格局的开路先锋。

二、浙江培育本土跨国公司的实践和成效

在国际竞争日益激烈环境下，浙江坚持跳出浙江发展浙江，发挥建设自由贸易试验区、共建"一带一路"、长三角一体化发展等国家战略叠加优势，凭借与"一带一路"共建国家贸易投资合作基础、全球集散的区位物流优势、"一带一路"沿线数量庞大的浙籍华侨、完善

的综合服务体系，加强国际产能和装备制造合作，加强"浙江人经济"与"浙江经济"高效互动，推动了浙江经济结构调整和产业转型升级。

（一）发挥民营经济优势，壮大主体队伍

浙江民营经济发达，民营企业对外投资非常活跃，96%以上的对外直接投资由民营企业实施。浙江创造性地落实了中央的决策和战略部署，鼓励支持民营企业"走出去"开展传统的贸易性投资、创办境外研发机构、兼并收购外国企业等，使其成为浙江对外投资的主力军。1998年，浙江制定出台了《浙江省私营企业申办境外企业审批办法》，在全国率先推动了民营企业对外投资的规范管理。2004年，浙江省委、浙江省政府颁布《关于进一步扩大开放的若干意见》，深化对外投资外汇管理改革，允许企业自主选择以购汇贷款或自有外汇进行境外投资，民营企业购汇一视同仁。2012年，国家多部委联合出台了《关于鼓励和引导民营企业积极开展境外投资的实施意见》，简化和规范对民营企业对外投资的管理。2017年，浙江制定出台《加快培育浙江本土民营跨国公司三年行动计划（2017—2019年）》，成立民营跨国公司服务联盟和专家库，服务浙江企业进行跨国投资。2022年，浙江经备案核准的境外企业和机构共934家，比上年增长16.5%；对外直接投资额（中方投资额）130亿美元，增长45.0%。截至2022年底，浙江共有9家企业进入"世界500强"榜单；10家企业进入"中国跨国公司100大"榜单，50家"领航企业"平均跨国指数达到30.8%，累计对外投资项目近1.2万个，对外投资额突破1100亿美元，覆盖全球150余个国家和地区。

（二）坚定不移深化改革，推进制度创新

浙江作为改革开放的前沿阵地，紧跟形势，始终坚持深化改革，全力推进制度创新，为企业"走出去"提供了坚实的保障。2003年，商务部将浙江列为对外投资审批制度改革试点省市，给浙江实施"走出去"战略带来了新的机遇。2009 年，浙江省人民政府办公厅印发《浙江省境外投资管理实施办法（试行）》。2013 年，浙江试行建立海外工程大项目备案制和对外投资大项目报备制后，进一步简化对外投资备案流程，大力推行网上无纸化备案，对外投资管理逐步从"审批制"改为"备案制"。2022 年，浙江制定实施《浙江省对外贸易主体培育行动计划（2022—2025）》，力争到 2025 年底，新增有外贸实绩的企业 2 万家，新增年进出口额 1000 万美元以上的外贸企业 2000 家，新增年进出口额 1 亿美元以上外贸龙头企业 200 家。

（三）构建境外平台体系，推动对外合作

随着对外投资方式不断创新，对外投资合作由单个项目逐步向区域化、集群化模式稳步发展。自 2006 年国家提出建设境外经贸合作区以来，商务部分两批启动境外经贸合作区招标工作。从 2005 年泰中罗勇工业园成为浙江省第一家国家级境外经贸合作区以来，境外经贸合作区已经成为浙江参与国际产业分工合作、联结国际国内两个市场、构建双循环发展格局的重要载体。截至目前，浙江境外经贸合作区从 4 家扩充至 19 家，其中国家级 4 家、省级 15 家。布局在"一带一路"共建国家的境外园区共 14 家，初步形成了贯穿"一带一路"沿线的境外经贸合作区布局，覆盖加工制造型、资源利用型、科技研发型、农业产业型、商贸物流型等商务部认定的所有园区类型，涌现出北美华富山工业园、青山工业园等一批亩均产值高、产业带动明显、发展后劲强劲的高质量园区。

（四）完善服务支持政策，助力开拓市场

一直以来，浙江致力于完善服务和支持体系，为企业对外投资合作营造良好的外部环境。2001 年，浙江出台了《浙江省人民政府关于加快实施"走出去"战略的意见》，明确了"走出去"主体、形式和路径。2002 年以来，浙江省设立"走出去"专项资金，对重点"走出去"企业给予支持。2015 年以来，浙江研究制定并实施《关于组织推进承包工程"联盟拓市"行动方案》，巩固了传统市场份额和优势领域，通过企业间成立联盟拓展了"一带一路"沿线市场。2017 年，浙江丝路产业投资基金成立，基金首期规模 50 亿元，通过社会资本撬动不少于 200 亿元人民币，这是浙江省首个专业从事海外业务的投资平台。

（五）构建风险防控机制，提高风险防范能力

针对企业对外投资和跨国经营自身风险防控能力弱，在履行企业社会责任，妥善处理与当地政府、工会族群等关系方面存在不足，浙江持续完善风险防控机制，为企业对外投资合作保驾护航。一是建立对外投资合作境外安全风险监测和预警机制，定期向对外投资合作企业通报境外安全信息，及时发布安全预警；指导对外投资合作企业根据所在国家或地区的安全状况，制订安全防范措施和应急预案。二是通过各种形式加强对企业和公民的宣传教育，普及境外安全知识，提高安全防范意识和自保能力，引导企业自觉遵守所在国法律法规，尊重当地风俗习惯，与当地民众和谐相处，降低各类纠纷发生的风险。三是加强境外经贸纠纷和突发事件联系小组成员单位之间的联系和沟通，及时妥善地做好相关突发事件的处置工作。2009 年，浙江省人民政府发布《浙江省处置境外经贸纠纷和突发事件暂行办法》，建立境外突发事件处置工作机制，保障企业在境外的权益。2017 年，浙江省人民政府重新修订了《浙江省处置境外经贸类纠纷和突发事件管理办法》，进一步明确了处置范围、工作制度、职责分工和处置程序，扩大处置工作领导小组成员单位。

三、新征程上加快培育本土跨国公司的政策思考

当前，世界生产格局正处于新的调整期，要紧紧抓住这个有利的窗口期，大力培育本土跨国公司，为新一轮全球要素分配争取有利地位。

（一）扩大培育范围

鼓励全国各地围绕数字经济、高端装备等未来产业和战略新兴产业领域，结合当地传统产业转型升级需求，建立动态培育库管理机制。鼓励"领航企业"率先布局重点国别区域产业链、供应链关键节点，带动中小民营企业拓展海外发展空间。指导企业制订跨国发展战略，推动开展跨国经营；搭建平台加强企业间交流，"以老带新"，促进新经济领域的本土民营跨国公司成长。支持企业做大做强浙江总部，将其打造成为全球运营中心、管理中心和研发中心；支持"领航企业"联合建立面向全球的新型研发机构，组建高水平的创新基地和创新联合体。

（二）鼓励全球化布局

鼓励全国各地企业开展高质量跨国并购，获取海外稀缺资源、高端要素。支持企业在与我国友好、政局稳定的国家建设境外经贸合作区，推动本土企业在境外集聚发展。在涉及国家安全、产业安全领域，支持企业以自主研发和国际创新合作双管齐下，实现核心技术突破，打破国内产业链的堵点、痛点。支持企业根据产品、行业、区域特点，制定有针对性的品牌战略，培育有国际竞争力的中国品牌，实现"品牌"走出去。

（三）鼓励经营方式创新

鼓励全国各地企业发挥自身技术、行业优势，以专利技术、高端服务等无形资产入股的方式开展跨国并购和绿地投资，降低外汇储备压力和投资风险，体现国内技术溢价。服务上市企业探索以跨境换股的方式并购境外上市公司，实现合作共赢。支持企业组建海外基金或境外特殊目的公司，开展主业内的跨国并购或境外经贸合作区建设。创新本土化经营方式，推动本地化发展。

（四）培育跨国经营人才队伍

建立健全培训机制，联合国际知名院校、专业机构，开展跨国经营人才专业知识和实践技能培训，加强本土人才国际化能力建设。加强跨国经营中介服务机构建设，积极支持省内律师事务所，在共建"一带一路"国家设立分支机构。探索民营企业引入高端国际人才，落实相应的薪酬、保险、子女教育等配套政策。畅通商务人员跨境交流渠道。推动校企合作，在"一带一路"共建国家共建"丝路学院"，定向培养当地职业技术人才。

（五）构建跨国经营服务体系

摸清企业跨国经营的实际需求，常态化开展"丝路护航"活动，完善对外投资服务生态体系，为企业"走出去"提供金融、保险、法律、安全、人才等一站式服务。全面深化对外开放领域的深层次改革，持续提高企业境外投资便利化水平。加快建成国内领先的国际投资"单一窗口"，加快推进投资贸易便利化，推动数字化转型。

第四节　增强关键环节自主可控能力

一、增强关键环节自主可控能力迫在眉睫

产业链供应链安全是构建新发展格局的重要基础，切实增强产业链供应链自主可控能力，事关经济社会发展大局。习近平总书记在中共第二十届中央政治局第二次集体学习时强调，顺应产业发展大势，推动短板产业补链、优势产业延链，传统产业升链、新兴产业建链，增强产业发展的接续性和竞争力；打造自主可控、安全可靠、竞争力强的现代化产业体系[①]。在 2023 年全国"两会"上，习近平总书记进一步强调，有能力、有条件的民营企业要加强自主创新，在推进科技自立自强和科技成果转化中发挥更大作用[②]。

（一）增强关键环节自主可控能力，是推动制造业高质量发展的重要内容

改革开放以来，我国依靠庞大的市场规模、后发模仿创新模式、要素低成本供给等比较优势，工业化进程加快，但产业基础能力发展相对欠缺，关键零部件、基础材料和重要元器件对外依存度较高。在一些产业和领域，产业基础（包括高端装备、核心零部件等）较为薄弱，关键核心技术受制于人，产业链供应链风险不容忽视。比如，我

---

① 《习近平在中共中央政治局第二次集体学习时强调 加快构建新发展格局 增强发展的安全性主动权》，《人民日报》2023 年 2 月 2 日，第 1 版。

② 《习近平在看望参加政协会议的民建工商联界委员时强调 正确引导民营经济健康发展高质量发展 王沪宁蔡奇丁薛祥参加看望和讨论》，《人民日报》2023 年 3 月 7 日，第 1 版。

国对于集成电路、生物医药等产业链关键环节控制力与主导权较弱，产业链"断点""堵点"较多，缺少具有国际竞争力的"杀手锏"技术。特别是近年来，单边主义、保护主义潮流上升对我国制造业产业链的完整性、安全性造成较大威胁。亟须从补短板、强控制、提韧性、筑优势四个方面化解这些新问题、新风险，进一步增强关键环节自主可控能力。

（二）增强关键环节自主可控能力，是构建现代化产业体系的重要基础

自主可控是指对产业链供应链的关键环节具备较强的把控力。"可控"在本质上就是确保安全，体现为产业链供应链风险在可控范围内，对链条上的各环节、各主体、各要素具有一定的控制力和影响力，能确保产业链供应链平稳运行，在特殊时期保障基本安全。这既涉及原料、零部件、生产设备、机械装备等实物资产的供应，也涉及技术、软件、知识产权等无形资产的供应。因此，只有实现产业链供应链关键环节的自主可控才能统筹发展和安全，掌控发展的主动权；才能将国内循环畅通起来，实现需求牵引供给、供给创造需求的更高水平动态均衡；才能将国内超大规模市场和人力资源丰富的优势发挥出来；才能提升在全球产业格局中的位势、影响力和掌控力。实现产业链供应链关键环节的自主可控，成为产业领域发展中必须解决好的关键问题。

（三）增强关键环节自主可控能力，是构建新发展格局的重要前提

当前，我国正加快构建国内国际双循环新发展格局，对增强产业链供应链自主可控能力提出了更高要求。应针对产业薄弱环节，实施好关键核心技术攻关工程，尽快解决一批"卡脖子"问题，努力构筑"安全可靠有韧性、动态平衡有活力"的现代化产业链供应

链。要把安全发展贯穿到产业链供应链发展全环节，既要善于运用产业发展成果夯实产业链安全的实力基础，又要善于塑造有利于产业链供应链优化与稳定运行的安全环境，强化重点领域基础研究和源头创新能力，实现重要产业、基础设施、战略资源等关键环节的安全可控。

二、浙江增强关键环节自主可控能力的实践和成效

自 2018 年开始，浙江就积极部署实施应对贸易摩擦、稳企业防风险、增强产业链自主可控能力的工作。2020 年以来，进一步加强顶层设计、系统推进，构建形成"1+2+10+X"工作体系，全面推进制造业产业基础再造和产业链提升工程。

（一）建立"链长 + 链主"制

在省级层面，由每条标志性产业链的链长领衔、省级部门和行业协会（联盟）相互协作、专家参与，联合组建产业链服务团，重点围绕产业链上下游企业、项目、各类平台主体，开展技术支持、政策咨询和要素保障等服务。具体而言，服务团牵头绘制产业链"鱼骨图"，制定断供断链风险清单和实施清单，常态化摸排产业链潜在风险。组织帮扶产业链上困难企业，协调组建企业共同体和产业技术联盟，建设一支共享产业人才队伍。疫情期间，为加快推动企业复工复产，还建立了省市县联动、省际联动和部省联动的"三机制"，制定市内、省内、省外和境外产业链配套企业"四清单"。

（二）大力实施产业基础再造和产业链提升工程

2020 年，浙江制定实施《浙江省实施制造业产业基础再造和产业链提升工程行动方案（2020 — 2025 年）》，聚焦数字安防、集成电

路、网络通信、智能计算、生物医药、炼化一体化与新材料、节能与新能源汽车、智能装备、智能家居和现代纺织等十大标志性产业链，分别从做强优势领域、解决短板和"卡脖子"问题、构建优化产业空间布局、实现产业链提升发展目标等4个维度明确具体任务，推进制造业基础再造强链、可替代技术产品供应链重组补链、产业链协同创新强链、制造业首台套产品应用补链、全球精准合作补链、关键核心技术与断链断供技术攻关补链、产业链上下游企业共同体带动护链、工业互联网建链、涉企服务平台畅链和数字新基建强链等10项工作方法，建立产业链服务推进机制、强化产业链核心人才引领机制、实施产业链重大项目推进机制、深化产业链融资畅通机制、健全产业链要素保障机制和实施产业链常态化风险监测评价机制等6大政策机制，全力建设全球先进制造业基地。2022年，十大标志性产业链实现规上增加值13352亿元，占全部规上工业的61%，利润总额、研发费用分别占67.9%、68%。

（三）谋划推出深度参与共建安全稳定全球产业链供应链的思路举措

深化推进产业链供应链国际合作，坚持"引进来"，鼓励外资企业在浙江设立地区总部或研发中心，吸收全球优质产品、技术、人才进入浙企供应链。积极支持企业"走出去"，支持浙江省企业全球布局、跨国经营，打造跨国供应链，构建全球合作网络。着力畅通制造业国内国际双循环，落实长江经济带、长三角一体化发展战略，建设高水平省际合作园区；推进海外仓建设布局，加快跨境电子商务综合试验区建设，助力企业拓展全球市场网络。大力推进产业链供应链数字化治理。推进产业链供应链数字化转型，加快企业数字化改造，推进企业供应链体系变革，建设数字化供应链。

三、新征程上增强关键环节自主可控能力的政策思考

面对日趋激烈的国际竞争，必须坚持底线思维、极限思维，着力提升产业链供应链韧性和安全水平，把发展的主动权掌控在自己手中。

（一）举国体制破难题

发挥新型举国体制优势，善用"揭榜挂帅"机制，以重大需求为导向，以解决问题成效为衡量标准，围绕创新链布局产业链，加快构建以国家制造业创新中心为核心节点的制造业创新中心网络体系，通过建设一批国家级基础研究平台、共性技术研发平台和高技术服务平台等科技载体，打通从基础研究、应用研究到产业化的科技成果转化全链条，形成高水平科技创新体系化能力。着力提升关键核心技术的话语权，加快实现国产替代，以先进轨道交通装备等制造业领先领域为突破口，积极参与、主动谋划产业技术标准体系建立，逐步提升"反卡脖子"能力。

（二）"链主"企业唱主角

建立标志性产业链"链长+链主"协同工作机制，动态培育"链主"企业、产业链上下游企业共同体，构建技术链和产业链融合机制，培育一批全球技术领先的创新领军企业和具有产业链主导地位的"链主"企业。鼓励有条件的本土"链主"企业整合资源组建跨国公司，建立全方位的"链式服务"体系，发挥"链主"企业毗邻终端消费者和背靠生产性服务产业的优势，从供给侧和需求侧开展固链、补链、强链等专项行动，通过以企引企、以商招商等方式吸引配套企业、生产性服务企业、资金、人才等资源要素集聚。鼓励中小企业深耕细分市场，在产业链上下游培育一批掌握关键技术的"专精特新"企业、

"单项冠军"和"隐形冠军"，提升产业链关键环节的产品技术含量。推动"链主"企业主动联合上下游配套企业、科研院所、中介服务机构等形成深度协同、共生发展的产业链生态系统，实现产业链各个环节可控和迭代升级。

（三）"国货国用"促升级

实现产业链自主可控的基础是通过打造供需对接的循环流通体系，提高产业链抵御风险能力。一方面，充分利用我国超大规模市场优势和内需潜力，提高终端产品竞争力和品牌影响力。深入挖掘中西部地区和东北地区在发展空间、市场潜力、劳动力和资源禀赋等方面的优势，推动劳动密集型和资源型产业的落地、转型与优化；发挥东部地区产业集群优势、先发优势和区位优势，大力发展高端制造业，打造发展战略性新兴产业的先导力量。另一方面，利用好国内国际两个市场、两种资源，以加快建设全国统一大市场为契机，破除地方保护、行业垄断和市场分割，打通产业链"堵点"。通过"一带一路"建设加强与欧盟产业链、供应链联系，以《区域全面经济伙伴关系协定》（RCEP）为支点打造区域主导型产业链，着力构建多层次、宽领域、高质量的国际合作链条，提高全球范围内产业链资源配置能力。

（四）数字赋能提效能

加快企业数字化转型，依托各类行业级、企业级工业互联网平台助推企业"上云""上链"，促进产业链供需协同，降低产业链组织成本，提升资源要素配置效率。充分发挥数字产业化和产业数字化双轮驱动效应，带动高端装备、新材料等重点制造业产业链转型升级，促进由生产型制造向服务型制造转型，实现制造业向价值链高端攀升。建立核心领域技术产品需求清单、国产可供给目录和大宗原材料供应预警机制，协调解决物流受阻、零部件供应中断等问题。结合"新基建"，搭建产业链数字化平台，充分依托我国完备的产业体系、海量数据和丰富的应用场景资源，以智能制造为主攻方向，加快建设智能车间、智能工厂。完善预警快速响应机制，持续跟踪监测产业链供应链动态，加快识别摸排产业链短板，提前开展风险研判和预警，做好政策储备和应急预案。

案例五　泰中罗勇工业园

一、基本情况

泰中罗勇工业园是由中国华立集团在泰国主导开发的面向中国投资者的现代化工业区。华立集团创立于 1970 年，是以华立集团股份有限公司为母体，以医药为核心主业、多元化投资发展的民营企业集团，曾多次入选中国企业 500 强、全国 500 家大企业集团、中国民营企业 500 强。泰中罗勇工业园位于泰国首都曼谷东南 100 多公里处，是中国首批境外经贸合作区之一，也是中国传统优势产业在泰国的产业集群中心和制造出口基地之一。截至 2022 年，园区带动当地出口超 1.8 亿美元，从中国进口额超 8 亿美元，实现工业总产值 33.6 亿美元，为当地解决超过 5 万个就业岗位，带动中国对泰国投资超 45 亿美元，成为中泰产能合作的典范。泰中罗勇工业园入驻企业质量高，有三分之一是各行业的龙头企业，经营业绩表现好，在环保、扶贫等可持续发展方面做出了成绩，代表性企业有中策橡胶集团有限公司、润阳光伏科技（泰国）有限公司等。园区结合中国传统优势产能与新兴产业全球再布局的需求，推动泰国构建相对完整的产业链。同时借助泰国对东盟地区的辐射，助力地区重构供应链，成为中泰产能合作的重要平台与载体，也是中企在东盟地区重要的产业集群中心与制造出口基地，是产业集群助力产业链供应链安全的范例和标杆。

二、主要做法

（一）形成产业发展生态

园区位于泰国"东部经济走廊"的核心区域，距离廉差邦港口27公里，距离素万那普国际机场99公里，交通物流条件方便，利于货物进出。园区规划总面积20平方公里，其中一区12平方公里，二区8平方公里，包括一般工业区、保税区、物流仓储区和商业生活区，主要吸引汽摩配、机械、电子电气、建材五金等中国企业入园设厂。该园区有230余家中国制造企业设立了生产基地，还吸引了物流、仓储、金融、餐饮等35家商业配套企业的投资，为工业园内的企业提供了全方位的支持。园区充分发挥中国传统优势产业在泰国的集群效应，并利用当地可再生资源优势的产业，在吻合当地国情的前提下与泰国当地进行产能合作。园区一开始便确立了清晰的定位与分工，即面向中资企业落户泰国投资的经贸合作园区，中方通过招商和选商来严格控制园区的业态，以确保形成上下游协同的产业集群，避免中资企业之间的同质化竞争。

（二）优惠的政策支持

园区以"为中资企业搭建平台，鼓励中资企业抱团出海"为出发点，在众多境外经贸合作区中率先设置了一般工业区和保税区。入园的中资企业享受企业所得税最高 13 年全免、免缴进口机器关税 8 年、以外销为目的的进口原材料免缴关税 5 年、可携入外籍技工或专家及其配偶、外籍人士可拥有土地所有权等优惠政策。

（三）完善的企业服务

泰中罗勇工业园提出了"感动客户"的招商理念，实行 24 小时全天候"一站式"服务，从投资前的商务考察、政策咨询到土地产权办理、公司注册、BOI 优惠申请，再到工程承包、会计税务服务推荐、员工招聘与培训等。这里的语言文字、风俗习惯、施工规范都与国内基本相同。园区通过泰国中国企业总商会罗勇商会围绕"合规企业""关爱员工""社会交流""使馆活动"等四个方面，开展系列活动为入园企业提供贴身服务。同时与金融机构（中国工商银行、中国银行）签署合作备忘录，解决企业投资中的资金瓶颈，以利他之心构筑中国制造业抱团出海、抱团取暖、抱团竞争的平台。

（四）提升企业正面形象

园区建设伊始就以泰国当地为家，自身定位为泰国本土企业，融入本土文化。注重履行社会责任，融进慈善文化氛围，以仁爱之心，善行义举为己任，多年来一直积极投身泰国的慈善公益事业，回馈社会，提升了中国企业的正面形象，获得泰国社会的广泛褒扬。园区每年都有善举行动计划，多次在罗勇府、北碧府等地自行组织或参与慈善捐助等公益活动。

三、经验启示

泰中罗勇工业园在泰国取得了巨大的成功，是因为它站在制造业企业产业链配置需求的角度，保持着帮助入园企业做实做大做强的心态，切实为企业考虑，给企业入驻和发展提供了便利，为其他产业园提供了先进经验。

一方面，给其他产业园区建设提供了启示：一是打造优质产业生态。围绕企业发展的物流、金融等配套做好商务服务，吸引海内外优质产业链企业入驻。二是提供更加优惠的政策支持。对标存在产业转移的地区，降低入园企业投资成本，研究制定能留住企业的政策力度，鼓励企业优先考虑在本地发展。三是做好企业转移服务。做好潜在转移企业的监测、预警和服务，鼓励企业将总部、研发基地等高附加值环节留在本地。四是建好境外合作园。从政府层面建立合作机制，搭建制造业出海境外的生态服务平台，让中国企业能够以更低成本、以更小风险、更加容易地抱团"走出去"，并不断强化企业间的横向合作，产生互补协同效应。

另一方面，也为我国产业链的国际化布局提供了经验。一是提升跨国公司核心竞争力。产业链供应链可控需要提升自主创新能力和解决"卡脖子"问题，尤其是解决关键环节上的技术创新和"卡脖子"问题，鼓励企业以自主创新为导向，加大力度支持企业创新攻关，积极推动企业"走出去"，支持企业成为产业链上具有影响力的主体企业，有助于提升对相关供应链体系的可控力，并形成互补型产业链转移模式。二是完善企业服务。完善企业出海服务平台功能，细化国别动态信息、国内投资环境和跨境服务机构信息模块，为跨国公司培育提供信息服务。依托对外投资运行监测系统，完善本土跨国公司培育库、对外投资企业基础数据库、境外经贸合作区信息库和重点跟踪服务企业库，明确重点跟踪服务企业，综合产业领域、贸易规模、对外投资规模、重点国别等因素，选取若干企业作为重点，进行跟踪服务。引导企业抱团取暖，探索支持国有力量设立海外产业园平台，承接中小企业抱团出海，降低企业风险。三是加强全球产业布局谋划。支持企业跨国并购一批优质企业、项目、技术和团队，鼓励并购回归。四是加强政府支持。重点在投资合作便利化、财政、税收、金融、保险等方面给予支持引导。在备案管理、融资、跨境资金流动、检验检疫和通关便利等方面给予支持，并且利用好国家信贷、保险等扶持政策，拓宽企业对外投资合作融资渠道。同时落实有关多边、双边税收协定和境外所得税抵免政策，探索以东道国优惠政策为基准的税收饶让制度。加快推进跨境贸易人民币结算业务发展。

案例六　龙盛集团

一、基本情况

浙江龙盛集团股份有限公司（以下简称"龙盛集团"）是一家以染料化工为主业，并涵盖制造业、房地产、金融投资等核心产业的综合性跨国企业集团，拥有年产 30 万吨染料产能、年产约 10 万吨助剂产能以及年产 11.45 万吨的中间体产能，系全球规模最大的染料及染料中间体生产基地。拥有 10000 余名员工，年利税总额超 5 亿元，资产规模超过 200 亿元。2020 年《财富》中国 500 强排行榜中，龙盛集团排名第 434 位。2022 年，龙盛集团实现营业收入 212.26 亿元，同比增长 27.41%。

二、主要做法

2012 年，龙盛集团通过投资 2200 万欧元，成功收购全球染料解决方案、皮革解决方案、新技术和定制生产特殊染料或颜料的市场领导者，全球最大和最领先的染料、助剂、相关服务和印染解决方案提供商德国德司达公司。2016 年，龙盛集团又借助德司达的平台以 1.3 亿美元成功收购美国 Emerald 公司。

（一）提升产业链供应链研发力量，优化品牌管理

龙盛集团通过对德司达公司的收购，拥有超过 30 个生产和销售实体、7000 家客户、全球近 21% 市场份额的共享，获得 1800 余项专利，并获得德司达德国、新加坡两个研发基地和完整的产品开发、工艺开发、颜色应用服务、可持续发展解决方案技术研发体系，弥补了在高端、高性能染料研发生产和国际市场的空缺，有效提升染料业务的核心竞争能力，维护产业链供应链安全。龙盛集团借助其销售渠道和品牌知名度，不断提高在国际市场的占有率和竞争力。同时，借助德司达在高端客户群中的良好口碑，进一步发展高端客户。

（二）延伸上下游产业链，拓展业务多元化

龙盛集团通过并购整合延伸染料供应链上游，加强对战略性中间体原料的控制，目前龙盛集团上虞园区已经形成了包括上游硫系列产品，中游苯胺类中间体，下游染料、助剂等化学品的完整产业链，陆续落地了蒽醌染料、H 酸、间酸、间氨基苯酚等项目，同时衍生了高端电子级树脂、高分子助剂等新材料新兴领域，并加速推进高级橡塑抗氧化剂、紫外线吸收剂、汽车用化学品、高级润滑油等新项目的谋划实施，开辟了新的经济增长源，业务内容由原来单一染料业务发展

成为涵盖染料、中间体、减水剂、汽车配件、无机化工、房地产以及金融投资等为一体的多元化业务。

（三）遵循环保标准和需求，突破绿色壁垒

龙盛集团自身注重环保工程建设的同时，更积极引进国际领先的生产技术和环保标准、申请相关环境体系认证。通过对德司达的并购，龙盛集团同时在生态环保、专利技术、供应链管理、国际化运作上也再上了一个新台阶，成为全球最大的纺织用化学品生产和服务商。通过对德司达业务进行整合，增加了颜色标准及可持续发展解决方案这一染料服务业务，推进龙盛集团从供应商挑选到产品生产全程，遵循环境保护和可持续发展标准的要求，并协同配以相关技术检测，突显企业环保优势。

三、经验启示

龙盛集团为应对断链断供风险，积极推进全球化布局，不断拓展业务环节，在壮大企业规模、提升影响力的同时，有效保障了内部产业链供应链的安全，是龙头企业应对"两链"安全的典型范本。

一是推动产业链供应链国际合作，吸取海外技术优点实现自主可控。充分利用企业自身优势，挖掘合作契机，实现"蛇吞象"来壮大企业品牌影响力和市场知名度，享受海外企业的供应链体系和技术优势，维护产业链安全稳定。同时，避免外商资本通过并购投资等方式控制我国产业链供应链关键环节。

二是明确发展战略需要，形成并购、技术攻关等自主可控路径。根据企业经营现状与经营环境，提前判断战略方向，明确并购或者技术研究等路径，寻求协同效应和资源的有效配置。

三是主动延链补链，保障国内全产业链安全和竞争力。积极实施产业链延伸、规模扩大、产品多元化以开拓产品市场等在内的具体并购策略，通过收购供应商、并购同行、收购关联方股份、认购国内国际同行大企业股份等手段进行并购来深化产业链布局，提升产业链供应链自主可控能力。

第 五 章
提能升级的方向：
提升制度型开放水平

随着我国对外开放迈向更加全面、深入和系统的新阶段，加之全球产业链供应链深度调整、国际经贸规则加速重构，商品和要素流动型开放已无法满足经济发展需求，特别是随着数字贸易等新贸易形态的持续涌现，制度层面的开放迫在眉睫。2018年中央经济工作会议提出，要适应新形势、把握新特点，推动由商品和要素流动型开放向规则等制度型开放转变。党的二十大报告强调，稳步扩大规则、规制、管理、标准等制度型开放。推进"地瓜经济"提能升级，就要进一步对接国际高标准经贸规则，充分发挥自贸试验区作为新时代改革开放"试验田"的作用，把握数字时代发展新趋势新机遇，打造市场化、法治化、国际化一流营商环境，加快构建更高水平开放型经济新体制，促进国内国际要素自由流动、资源高效配置、市场深度融合，不断为高质量发展蓄势赋能。

小智治事，大智治制。同时，还要积极参与国际经济贸易领域相关规则制定，推动形成公正、合理、透明的国际规则体系，增强我国在全球治理体系变革中的话语权和影响力，推动经济全球化朝着更加开放、包容、普惠、平衡、共赢的方向发展。

第一节　推动自由贸易试验区提升发展

一、实施自贸试验区提升战略是应对新形势新挑战的必然要求

以开放促改革、促发展、促创新，是中国经济增长的重要经验。建设自贸试验区是以习近平同志为核心的党中央在新时代推进改革开放的重要战略举措，在改革开放进程中具有里程碑意义[①]。10多年来，我国自贸试验区不断为国家试制度、为地方谋发展、为经济创活力，在开放布局、开放范围、开放层次等方面探索出了一系列可复制可推广的经验举措，为全面深化改革和高水平开放探索了新途径、积累了新经验，为赋能高质量发展提供了"源头活水"。在自贸试验区建设十周年之际，习近平总书记再次强调，深入实施自贸试验区提升战略，勇做开拓进取、攻坚克难的先锋，在更广领域、更深层次开展探索，努力建设更高水平自贸试验区[②]。实施自由贸易试验区提升战略，是新时代新征程上我国推进高水平对外开放的重大举措，有利于对标高标准国际经贸规则，在国际竞争中提升企业核心竞争力，有利于充分运用国内国际两个市场、两种资源，在开放合作中实现经济质升量增，对加快构建新发展格局、推进高质量发展具有重要意义。

实施自由贸易试验区提升战略是应对逆全球化趋势的主动选择。

[①] 国务院：《关于推进自由贸易试验区贸易投资便利化改革创新的若干措施》，2021年9月3日。

[②] 《习近平就深入推进自由贸易试验区建设作出重要指示强调 勇做开拓进取攻坚克难先锋 努力建设更高水平自贸试验区》，《人民日报》2023年9月27日，第1版。

当前，世界百年未有之大变局加速演进，保护主义、单边主义、民粹主义抬头，经济全球化遭遇一定挫折，迫切需要新的动力加以推动。实施自贸试验区提升战略，一方面，可以进一步展现我国推进更高层次对外开放的坚定决心，为推动经济全球化继续朝着正确方向发展注入强大动力；另一方面，可以为逆全球化背景下如何推进自主开放提供先进经验，为与世界各国一起通过扩大自主开放构建开放型世界经济体系作出中国贡献[①]。

实施自由贸易试验区提升战略是推动构建新发展格局的必然要求。新发展格局不是封闭的国内循环，而是更加开放的国内国际双循环。自贸试验区紧密联系国内国际两个市场、两种资源，是国内国际双循环相互促进的重要支点。实施自贸试验区提升战略，就是要更好发挥自贸试验区开放高地优势，推动商品、技术、资金、数据等要素跨境自由便捷流动，促进国内国际市场相通、产业相融、创新相促、规则相联，增强国内大循环内生动力和可靠性，提升国际循环质量和水平。

实施自由贸易试验区提升战略是持续深化改革开放的内在要求。经过改革开放 40 多年发展，我国对外开放已由商品和要素的流动型开放逐步向规则、规制、管理、标准等制度型开放转变[②]。自贸试验区作为新时代改革开放的"试验田"，率先实施"边试点、边总结、边推广"的改革推进模式，目前已累计在国家层面复制推广 302 项、地方自主推广 2800 余项制度创新成果[③]。新时代新征程，必须充分发挥自贸试验区制度创新的"头雁效应"，对标国际高标准经贸规则，着力在建

① 裴长洪、崔卫杰、赵忠秀等：《中国自由贸易试验区建设十周年：回顾与展望》，《国际经济合作》2023 年第 4 期，第 1-32+91-92 页。

② 边江泽、余湄：《资本市场制度型开放推动构建新发展格局》，《时代金融》2023 年第 7 期，第 71-75 页。

③ 王文涛：《努力建设更高水平自贸试验区》，《人民日报》2023 年 11 月 6 日，第 11 版。

设开放型经济新体制、深化要素市场化配置改革等方面加大探索力度，为全面深化改革探索更多可复制可推广的成功经验。

实施自由贸易试验区提升战略是推动高质量发展的重要抓手。党的二十大报告从构建高水平社会主义市场经济体制、建设现代化产业体系、促进区域协调发展和推进高水平对外开放等方面对高质量发展作出了重要部署。经过 10 多年来的努力发展，自贸试验区已经培育了一批具有全球竞争力的科技创新中心和先进产业集群，成为高质量发展的重要引擎。实施自贸试验区提升战略，就要进一步发挥产业基础好、集聚度高、创新力强的优势，深入实施创新驱动发展战略，大力发展先进制造业、现代服务业、数字经济，全面提升产业竞争力，培育壮大发展新动能，打造高质量发展新增长极。

二、浙江推动自贸试验区提升发展的实践和成效

近年来，浙江自贸试验区锚定"五大功能定位"，持续深化制度创新、改革集成，加快建立与开放型经济体制相适应的制度体系，推动五大功能定位实现新突破，自贸试验区成为引领高质量发展的新增长极。

（一）聚焦大宗商品领域制度型开放，打造大宗商品资源配置新高地

提升油气投资便利化水平，推动全国最大、全球第二浙石化4000 万吨 / 年炼化一体化项目全面建成投产，助推我国对二甲苯（PX）对外依存度由 60% 多下降至 39%。推动油品贸易市场化改革，率先开展原油非国营贸易进口资格试点、成品油非国营贸易出口资格试点等改革，打通原油进口、成品油出口、保税油加注、油品批发、油品贸易人民币结算等关键环节，积极营造公平、开放、活跃的油气市场。

深入推进保税燃油产业闭环改革，率先承接国务院关于国际船舶保税燃料加注经营审批权限下放，率先开展跨港供油、不同税号油品混兑。2023 年，宁波舟山港保税油供应量达 785.6 万吨、同比增长 14.3%，跃居全球第四大加油港。深化油气交易市场化改革，推动上海期货交易所入股浙江国际油气交易中心，联合上期所实质性共建长三角期现一体化交易市场，发布中国舟山低硫燃料油保税船供报价，提升大宗商品定价国际话语权。

（二）聚焦数字贸易制度型开放，打造数字自贸试验区浙江样板

积极对接《数字经济伙伴关系协定》（DEPA）等国际高标准经贸规则，探索数字贸易规则标准，成功举办全球首届数字贸易博览会并上升为国家一类展会，成立全国首个省级数字贸易标准化技术委员会，发布《数字贸易标准化白皮书》《数字贸易通用术语》。推进数据跨境安全有序流动，挂牌成立全省首个数据安全实验室、数字贸易咨询服务中心、数据跨境服务联盟，3 家企业通过国家数据出境安全评估。推进数据知识产权保护制度改革试点，创新开展数据知识产权存证及质押融资，实现数据"知产"变"资产"。

（三）聚焦小商品贸易制度型开放，持续擦亮世界小商品之都金名片

积极推进小商品贸易"五大自由"改革，迭代市场采购 2.0 改革，深化国家进口贸易促进创新示范区建设；开展涉企行政合规激励试点，创新涉外商事海事法律服务模式，设立全国首家县级国际商事法律服务中心；大力实施开放经济金融服务改革创新试点，获批数字人民币试点城市，挂牌运行中非跨境人民币结算中心；创新实施中欧班列多式联运"一单制"和"物权化"改革，义乌海铁联运全程提单比例达 55% 以上；大力推进外国人来华工作、居留许可"一件事"改革，办结时限压缩 80%、申请材料减少 50%。做强做优外贸新业态新模式，

打通跨境电商"海陆空"出口全通道，上线小商品数字自贸应用，首创出口退税备案单证数字化管理。深化拓展内陆开放大通道，"义新欧"中欧班列首次实现与海铁联运班列"整列中转""国际中转"，金甬铁路双层高集装箱示范线路工程建成通车。

（四）聚焦港航服务制度型开放，打造宁波舟山港硬核力量

推进国际航运监管模式改革，全国首创"港口国监督远程检查＋复查机制"和"临开不查"机制，成为国际海事领域首个便利船舶运输的区域性国际规则。推进船舶服务模式改革，创新"一船多证一次通办"服务方式，船舶全部证书办理时限压缩至1天内。深化口岸便利化改革，成功落地以宁波舟山港为离境港的启运港退税政策，口岸出口整体通关时间排名跃居全国沿海主要口岸首位，进出口通关时间压缩幅度位列全国榜首，连续多年获评"十大海运集装箱口岸营商环境评价"最高星级。深化"四港"联动发展机制，以海港为龙头、陆港为基础、空港为特色、信息港为纽带，建成上线"四港"联动智慧物流云平台，实现"一点接入、四港联通，一次查询、全程可视，一单到底、货畅其流"，有效降低外贸物流成本。

三、新征程上推动自贸试验区提升发展的政策思考

实践发展永无止境，改革开放永无止境。新征程上，要认真贯彻落实党中央、国务院关于实施自贸试验区提升战略的重要部署，坚持推动制度型开放，进一步放宽市场准入，强化改革统筹谋划和系统集成，持续深化差别化探索，力争在促开放、试制度、谋发展等方面取得更多变革性实践、突破性进展、标志性成果，努力建成具有国际影响力和竞争力的自贸试验区。

（一）着力加强整体性谋划

围绕深入实施自贸试验区提升战略，进一步完善自贸试验区建设顶层设计，集中推出一批引领性、集成性改革举措，加强改革的系统性、整体性、协同性。支持各自贸试验区聚焦功能定位、发挥特色优势，聚焦数据跨境流动、大宗商品资源配置、生物医药、海洋经济等重点领域，进一步深化差别化探索，优先施行更多开放举措，推动全产业链创新发展。同时，积极支持各自贸试验区强化政策协同、产业协同、项目协同、要素协同，因地制宜发挥好辐射带动作用，在引领区域经济发展等方面开展更多探索。

（二）大力推进数字化转型

率先建设具有引领性的数字经济产业体系，深入实施数字经济创新提质"一号发展工程"，做强智能物联、集成电路、智能光伏等新一代信息技术产业，打好数字经济领域关键核心技术攻坚战，加快传统产业数字化转型。率先融入高标准数字贸易规则，主动开展数字贸易领域开放压力测试，积极探索与国际数字贸易规则相衔接的制度体系、标准体系和监管模式。率先探索数据基础制度体系，积极推进数据要素市场化配置改革试点，大力培育数据交易市场，探索数据跨境安全有序流动。

（三）深入推进制度型开放

主动对接国际高标准经贸规则，稳步扩大规则、规制、管理、标准等制度型开放。深化贸易投资便利化改革，合理缩减自贸试验区外商投资负面清单，尽快出台跨境服务贸易负面清单，加强压力测试和制度创新，持续优化产业生态、创新生态，打造更有吸引力的投资环境。深化大宗商品跨境贸易人民币国际化示范区建设，出台支持大宗商品贸易交易的金融创新产品清单，推动更多企业享受跨境人民币贸易投资便利化试点政策。深化跨境贸易投资高水平开放试点，推动合格境外有限合伙人（QFLP）试点、合格境内有限合伙人（QDLP）试点、贸易外汇收支便利化试点、本外币合一银行账户体系试点提质扩面，进一步扩大离岸贸易规模。

第二节　加快推动数字贸易发展

一、数字贸易是国际贸易发展的一次巨大飞跃

数字贸易是以数字技术赋能、以数据流动为关键牵引、以现代信息网络为重要载体、以数字平台为有力支撑的国际贸易新形态[①]。当前，数字贸易蓬勃发展，为经济全球化带来新机遇、注入新动能，成为推进高水平对外开放的重要引领。我国拥有最大规模的网民数量，数据资源相对丰富，同时还创造了丰富的贸易数字化应用场景，这都为我国发展数字贸易打下了扎实基础。把握数字贸易发展新机遇、加快形成数字贸易竞争新优势，增强国内国际两个市场、两种资源联动效应，对我国深度参与全球产业分工合作，加快构建以国内大循环为主体、国内国际双循环相互促进的新发展格局，具有重要意义。

（一）数字贸易是推动国际贸易发展蝶变的重要模式

一方面，数字贸易推动了贸易降本增效提质。加快外贸服务数字化转型，市场营销和信息获取更加便利，降低了各方沟通成本和交易

[①] 国务院发展研究中心对外经济研究部、中国信息通信研究院：《数字贸易发展与合作报告2022》，2022年9月1日。

风险；创新外贸监管流程，监管效率不断提升。据世贸组织预测，到2030年，数字技术将促使全球贸易增速每年提升1.8～2个百分点。另一方面，数字贸易催生了更多可贸易产品。传统贸易模式下，可贸易产品主要以有形实物产品和生产要素等为主。随着数字技术的发展，传统服务也更加可复制和高度标准化，服务提供方式也由线下面对面接触转移到线上远程交付，服务的"可贸易性"大大提升，数字产品和服务的种类不断丰富。2022年，我国可数字化交付的服务贸易规模达到2.5万亿元，比五年前增长了78.6%，居全球第五位。

（二）数字贸易是推动全球价值链深刻变革的重要力量

一方面，数字贸易降低了全球价值链中的通信、运输、物流、匹配和验证成本，有助于协调地理位置分散的研发和生产任务，促进国际分工更加细化、专业化，价值链不断延伸。另一方面，数字服务逐渐渗透到生产经营活动之中，服务要素在投入和产出中的比重不断增长，成为价值链的重要组成部分。从投入角度看，以信息与通信技术服务为代表的生产性服务，被广泛应用于制造企业的研发设计、生产制造、经营管理等环节，提高了企业生产效率、产品附加值和市场占有率。从产出角度看，企业将生产中积累的专业知识转化为各种数字服务，从提供产品转变为提供全生命周期管理、系统解决方案。

（三）数字贸易是打造国际合作竞争新优势的重要途径

一方面，数字贸易助力传统产品更好拓展国际市场。通过推动企业供应链管理、监管流程、服务环节的数字化转型，可以帮助企业降低贸易成本和提高贸易效率、提升国际竞争力[1]。另一方面，数字贸易助力抢占未来发展制高点。当前数字经济方兴未艾，产业变革和经济

---

[1] 邹其君：《"双循环"新格局下跨境电商与商贸流通产业集群协同发展研究》，《物流科技》2023年第46卷第16期，第18—23页。

新格局尚未定型。世界各国纷纷强化政策引导，着力推动技术创新突破、产业融合应用、数字治理完善，以战略制高点驱动数字经济腾飞。发展数字贸易，有助于数字产业融入全球性数字市场，通过国际市场力量推动本国技术产业发展。

（四）数字贸易为包容性发展创造了有利条件

一方面，数字贸易能够更好地发挥中小企业和初创企业独特优势。数字贸易降低了贸易的成本和参与门槛，为中小企业、初创企业参与国际分工提供了新机遇，有助于推动形成一系列特色的、小众的细分产业市场。另一方面，数字贸易带动发展中国家和农村地区融入数字全球化发展。电子商务向农村拓展延伸，可为弱势群体创造就业机会，也可为农村居民带来品种多样、物美价廉的外部产品。在全球范围内，加快数字化转型与数字贸易发展，使发展中国家更加便利地获取在线培训、远程医疗等知识型援助，为其融入全球化提供了新渠道、创造了新机会。

二、浙江打造全球数字贸易中心的实践和成效

近年来，浙江积极发挥数字经济先发优势，制定出台《关于大力发展数字贸易的若干意见》《数字贸易定义集》和《数字贸易通用术语》等制度规范体系，推动数字贸易全产业链体系化发展，加快建设创新引领、活力澎湃、开放共赢的全球数字贸易中心。2023 年，浙江省数字贸易进出口总额 7716.5 亿元，同比增长 20.4%。

（一）着力做强数字贸易产业体系

深入实施数字经济创新提质"一号发展工程"，高水平建设"互联网 +"科创高地，大力培育和招引数字经济、数字贸易头部企业，做强

做大数字安防、高端软件、数字内容等数字产业集群，提升数据产业链整体效能。着力推进跨境电子商务高质量发展，持续开展"店开全球、品牌出海和独立站领航"行动，鼓励企业多平台多渠道布局，提升主体规模和国际竞争力。促进服务贸易数字化转型，加快服务外包数字化转型升级，支持众包众创、平台分包等新模式做大做强，推动服务外包与制造业、生产性服务业融合发展；积极推动数字影视、数字出版、创意设计等新型文化服务出口，加快培育具有国际影响力的数字内容品牌。

（二）着力打造数字贸易平台体系

高标准举办全球数字贸易博览会，强化数字贸易国际交流合作，带动全省数字经济、数字贸易发展。高标准建设数字自贸区，积极争取国家数据基础制度先行先试，大力推进数据要素市场化配置改革，着力构建数字确权、加工、存储、流通、交易产业链。深入推进全省域跨境电商综试区建设，持续完善"六体系两平台"，持续探索创新管理制度和规则，扩大进出口规模。加强国家级服贸平台基地建设，全面深化杭州国家服务贸易创新发展试点，推进杭州、宁波两大国家服务外包示范城市建设，建设数字服务、知识产权服务、文化、地理信息服务、中医药服务等国家特色服务出口基地。

（三）着力优化数字贸易生态体系

认真做好数字金融文章，深入开展金融科技应用试点，鼓励金融机构加快数字化转型，深化跨境支付领域双向开放，探索数字贸易出口信保新模式，有序推进数字人民币试点。加快构建数字物流网络，大力培育数字化供应链，完善全球智能物流骨干网，加快建设"全球123快货物流圈"。深化数据要素市场化配置改革试点，大力培育数据交易市场，实施跨境服务贸易负面清单管理制度，完善数字贸易"单一窗口"，提升数字贸易监管服务体系，进一步营造开放、包容、公平、公正、非歧视的数字经济发展环境。

（四）着力探索数字贸易制度体系

以自由贸易试验区、国家数字服务出口基地、跨境电商综合试验区等为重点，对标《区域全面经济伙伴关系协定》（RCEP）、《全面与进步跨太平洋伙伴关系协定》（CPTPP）、《数字经济伙伴关系协定》（DEPA）等高标准国际经贸规则，积极探索推进数据跨境安全有序流动、个人信息安全、科技创新合作等方面制度创新，加快总结推广跨境电商、数字港口、数字支付、数字物流、数字平台等领域可复制可推广经验，努力为国家参与全球数字治理贡献浙江力量。

三、新征程上加快发展数字贸易的政策思考

加快数字化转型、大力发展数字贸易已成为世界各国把握数字时代机遇和应对经济形势不确定性的"金钥匙"。党的二十大报告强调，要发展数字贸易，加快建设贸易强国。我们要立足国内国际两个市场，拓展数字贸易发展空间，加快形成数字贸易竞争新优势，打造贸易强国"新引擎"，不断以中国新发展为世界提供新机遇。

（一）加快推进数字服务贸易提质升级

加快服务贸易数字化转型，推动人工智能、区块链等信息技术在服务贸易领域的应用，依托货物贸易带动金融服务、电子商务、供应链管理等数字服务出口，提升贸易价值链增值水平。促进社交媒体、搜索引擎等在数字贸易领域的应用，提升云计算服务、技术服务等数字贸易业态关键核心技术自主权和创新能力，鼓励云计算、通信、大数据、数字文娱等新型数字贸易业态和企业"走出去"。培育数字贸易

新业态新模式，优化数字贸易结构，积极发展数字化产品贸易，持续优化数字服务贸易，利用数字技术加快数字传媒、在线教育等领域的发展，满足消费者对产品和服务个性化、定制化需求。

（二）着力提升数字贸易国际化竞争力

加大数字技术研发投入，分梯队培育数字贸易市场主体，建设一批数字贸易龙头企业、"隐形冠军"企业，鼓励国内数字企业"走出去"，打造中国数字贸易品牌。持续优化数字贸易营商环境，着力扩大数字贸易相关领域对外开放水平，提升数字贸易开放水平及自由化、便利化水平，积极吸引跨国公司设立离岸数据中心、结算中心、研发中心等，加快集聚全球数字贸易资源要素。加强对数字贸易平台建设的支持力度，在数字贸易平台基础条件建设、宣传推介、人员配置等领域给予支持引导，为数字贸易平台建设提供良好的社会环境。

（三）建立健全数字贸易制度政策体系

加快构建数据跨境流动便利化体系，研究制定数据跨境自由流动正面清单、负面清单，加快制定并完善数据跨境流动安全评估的操作性办法、流程，推动数据跨境安全有序流动。完善知识产权保护法律体系，加大对软件著作权、数字技术专利、数字版权、数字商标权、商业秘密等的保护力度，加快探索既适应数字贸易发展规律，又符合中国国情的监管治理模式。加快跨境数据流动相关法律法规的修订及完善，从法律层面明确规定个人和企业数据跨境流动的方式、范围、相应主体合法权益以及相关领域的技术标准；完善数据监管体制、数据信息安全评估机制以及关键信息基础设施管理机制。

（四）推进高水平数字贸易规则国际衔接

以我国积极推进加入《全面与进步跨太平洋伙伴关系协定》（CPTPP）、

《数字经济伙伴关系协定》（DEPA）等高标准自贸协定为契机，推动自贸试验区主动对标，在促进数据跨境自由流动、数字贸易市场准入、个人隐私保护、网络数据安全、知识产权保护等方面率先进行压力测试，进一步完善相关法律法规，提高我国数字贸易规范性。以建设"数字丝路"为抓手，加强与"一带一路"共建国家数字贸易市场相融、规则对接和标准互认，提高我国数字贸易话语权和影响力，加快构建有助于我国数字贸易发展的全球治理体系。

第三节　建设市场化法治化国际化一流营商环境

一、打造市场化法治化国际化一流营商环境的重要意义

营商环境是一个地方执政理念、治理水平、行政形象的综合体现，是稳定市场信心、激发发展活力、推动高质量发展的重要因素。习近平总书记在党的二十大报告中擘画了以中国式现代化全面推进中华民族伟大复兴的宏伟蓝图，明确高质量发展是全面建设社会主义现代化国家的首要任务，提出推进高水平对外开放，营造市场化、法治化、国际化一流营商环境[1]。当前，市场化法治化国际化营商环境已经成为一个地区构筑核心竞争力的主赛道，对于地区经济社会发展具有至关重要的意义[2]。

---

[1]　习近平：《高举中国特色社会主义伟大旗帜　为全面建设社会主义现代化国家而团结奋斗——在中国共产党第二十次全国代表大会上的报告》，《人民日报》2022年10月26日，第1版。

[2]　易炼红：《永不满足　勇立潮头　全面打造一流营商环境升级版》，《政策瞭望》2023年第5期，第4—9页。

（一）优化营商环境是新发展阶段推进高质量发展的重要支点

良好的营商环境是建设现代化经济体系、促进高质量发展的重要基础。进入新发展阶段，拼资源、拼要素、拼政策的方式已经难以为继，必须更多依靠创新红利、人才红利、制度红利来驱动，依靠更强大的产业和创新生态、更完善的新型基础设施、更国际化的创业生态来支撑。只有加快构建以公平、效率为核心理念的市场化营商环境，构建以公开、透明为核心理念的法治化营商环境，构建以开放、包容为核心理念的国际化营商环境，才能吸引更多的人才、资金、技术，加快新旧动能转换，更好释放市场活力、激活发展潜力、提升国际竞争力、培育增长新动能，推动经济社会高质量发展。

（二）优化营商环境是回应市场所需提振市场信心的有力举措

营商环境是市场主体发展之基、活力之源，是企业应对外部冲击挑战、提升自身竞争力的重要支撑。从当前看，近年来市场主体经受多轮次冲击，特别是中小微企业、个体工商户生产经营较为困难，预期偏低、信心不足，亟须政府加强普遍性的政策制度供给。从长远看，随着我国经济进入新发展格局、转向高质量发展，传统的劳动力、土地等生产要素的比较优势正在逐渐减弱，政策制度供给、体制机制优势正日益成为核心竞争力，只有打破资源要素流动障碍，充分发挥市场对资源配置的决定性作用，才能孕育更多新动能、催生更多好企业。

（三）优化营商环境是推进高水平对外开放、增强国际竞争力的题中之义

当前，经济全球化遭遇"逆风逆流"，单边主义、保护主义抬头，跨国投资面临的不稳定不确定因素增多，全球产业链重组、供应链重

塑、价值链重构不断深化，呈现出区域化、近岸化、本土化的新特点。特别是部分发达国家积极推进制造业回流、友岸制造、近岸制造，不少发展中国家出台优惠政策吸引外国投资，我国吸引使用外资面临"两头挤压"的不利态势。打造市场化法治化国际化营商环境，不断破除阻滞经济循环的堵点、卡点，营造更加开放、规范和可预期的营商环境，才能更好利用国内国际两个市场、两种资源，为我国发展扩空间、提质量、增动力，实现高水平的自立自强，形成国际合作和竞争新优势。

二、浙江打造市场化法治化国际化营商环境的实践和成效

近年来，浙江省认真贯彻落实党中央、国务院关于营造市场化法治化国际化营商环境的部署要求[①]，大力实施营商环境优化提升"一号改革工程"，以政务服务增值化改革为抓手，以企业全周期、产业全链条服务需求为导向，以数字赋能和制度创新为基石，着力构建精准、便捷、优质、高效的为企服务新生态，营商环境市场化、法治化、国际化水平进一步提升，为推动经济总体回升向好提供了有力支撑。

（一）建设线上线下一体融合的服务载体，推动涉企服务从"多头分散"转变为"一站集成"

针对涉企服务机构、服务职能、服务资源分散，涉企线上服务应用缺乏统一入口和统一身份标识等问题，加强服务职能、平台、资源、力量等整合集成，打造线下企业综合服务中心，建设乡镇（园

---

① 浙江省统计局课题组，吴胜丰、李鑫等：《营商环境持续改善　优化提升仍有可为——浙江营商环境企业满意度调查分析》，《统计科学与实践》2023年第5期，第7-11页。

区）服务站点、24 小时自助服务专区等，实现企业需求"一个口子"受理、流转、督办、反馈；打造线上企业综合服务平台和"企业码"，统筹建设省级企业综合服务专区和地方特色综合服务应用，实现涉企服务能力一屏展示、惠企政策一键获取、企业办事一键直达、企业决策有效辅助。完善线上线下协同机制，推动线上线下无差别受理、同标准办理、同质量服务，"一窗受理""一网通办"向线上线下融合转变。

（二）建立多元主体协同的服务模式，推动涉企服务从"单兵作战"转变为"联合作战"

针对政府常规服务难以满足企业多元化需求、社会化市场化服务分散未整合、供需对接不顺畅等问题，构建政府、社会、市场多元协同服务模式，打造开放包容、合作共赢的涉企服务生态圈。政府侧，按照"统一服务事项、统一服务机构、统一服务范围、统一办理方式"要求，全面梳理涉企服务事项，制定出台涉企服务事项清单目录，加强服务事项清单管理。社会侧，鼓励科研机构、行业协会商会等社会组织充分发挥专业技能和组织优势，为企业提供公益服务或准公益服务，促进服务信息流通、资源要素共享。市场侧，通过政府购买服务等办法，引入专业机构开展增值服务，让专业的人干专业的事。

（三）构建全周期全链条的服务体系，推动涉企服务从"点上开花"转变为"串珠成链"

创新企业全周期、产业全链条服务模式，增强资本、数据、科技、人才等资源要素的赋能作用，完善全要素保障、全生态构建、全链条增值机制，推动服务链与产业链、资本链、创新链深度融合。提供项目增值服务，深化投资项目审批制度改革，持续迭代优化投资项目在线审批监管应用，强化政府与水电气网等公共服务业务协同，构建从洽谈、签约到审批、建设、投产的全方位服务体系。提供政策增值服务，健全惠企政策直达快享机制，构建政策发布、解读、分类、匹配、兑付全周期管理体系，推动从"人找政策"向"政策找人"转变。提供金融增值服务，集成信贷、科创金融、绿色金融、动产抵押、知识产权质押、担保交易等金融产品以及相应融资咨询服务，构建多层次、可持续、高效率的金融支持体系。提供数据增值服务，上线"产业大脑"等特色服务平台，以产业数据流为驱动，推动设计、生产、管理、服务等各类需求高效匹配。提供科创增值服务，引入与产业链相匹配的科创服务平台、技术转移服务机构、科研机构等，完善科创服务体系。

（四）打造"一类事"集成的服务场景，推动涉企服务从"单一便捷"转变为"综合赋能"

在持续优化提升基本政务服务"一件事"基础上，叠加关联度高的中介、金融、科创、人才等增值服务事项，打造订制化、套餐式、线上线下相融合的涉企服务"一类事"新场景。对标世行新评价体系编制"一类事"目录，省级层面研究提出企业开办、项目开工建设、企业注销等24件"一类事"，试点地区按照统一话语体系探索推出地方特色"一类事"场景51个。围绕企业全生命周期特定阶段打造"一类事服务场景"，如在省级指导目录中，企业开办"一类事"共涉及公司设立登记、公章刻制备案、申领发票等6项基本服务事项以及首套免费公章等9项增值服务事项，企业可通过线上线下渠道个性化选择服务事项，一次性获取服务包。围绕产业链关键节点打造"一类事"服务场景，如杭州钱塘新区聚焦生物医药产业发展全链条，推出生物医药企业开办、药品研发、临床试验、产品注册、药品生产、上市销售6个"一类事"，有效提升对国内外知名生物医药企业的集聚吸引力。

（五）创新服管融合的服务形态，推动涉企服务从"服管分离"转变为"寓管于服"

针对企业监管事前预防提醒不够、事中监管缺失、事后以罚代管等问题，强化高频涉法风险预防的行政指导和法律服务，推动监管从"处罚为主"向"预防为主"转变。强化事前提醒预防风险，开展重点产业合规专项行动，聚焦先进制造业集群建设、地方特色优势产业、新经济新业态，完善一批产业合规配套制度机制，打造一批产业合规中心，培育一批合规样板企业，构建形成企业自律、政府监管、社会监督相结合的产业合规体系。坚持事中监督无事不扰，搭建数智监督应用平台，探索推行"执法人员扫码留痕、企业人员用码评价、监督部门查码溯源"的涉企执法"一码监督"机制，强化对涉企行政执法全流程预警、实时监督。推进事后信用一键修复，全面推行行政处罚决定书与信用修复主动告知书"双书同达"机制，前移行政处罚信息信用修复指导关口，推动企业修复信用信息。

三、新征程上打造市场化法治化国际化营商环境的政策思考

党的二十大报告强调，要优化营商环境，构建高水平社会主义市场经济体制[①]。新征程上，要坚持社会主义市场经济改革方向，坚持"两个毫不动摇"，紧扣市场化、法治化、国际化，持续优化政务环境、

---

① 习近平：《高举中国特色社会主义伟大旗帜 为全面建设社会主义现代化国家而团结奋斗——在中国共产党第二十次全国代表大会上的报告》，《人民日报》2022年10月26日，第1版。

法治环境、市场环境、经济生态环境和人文环境，为经济高质量发展提供更强保障。

（一）打造智慧便捷的政务环境

突出增值化服务方向，有求必应、无事不扰，加快政务服务线上线下融合发展，为企业全生命周期提供全链条高效服务。推进政务服务标准化、规范化、便利化，推动政务服务事项全省范围内同要素管理、无差别受理、同标准办理。持续深化"一网通办"，加快数据共享应用体系建设，扩大电子证照、电子档案等应用范围，推动更多高频政务服务事项"秒报秒批""智能速办"。

（二）打造公平公正的法治环境

牢固树立"法治是最好的营商环境"理念，全面推进各领域法治化改革，健全保护市场主体合法权益制度机制，完善知识产权保护体系，深入贯彻实施外商投资法及其实施条例，推动完善保障外资企业公平竞争的配套措施，优化法律服务供给，加强涉企安全风险治理，依法保护各类市场主体合法权益，不断激发各类主体创新创业创造活力，更好发挥法治固根本、稳预期、利长远的保障作用。

（三）打造开放包容的市场环境

建设统一开放、竞争有序、制度完备、治理完善的高标准市场体系，健全市场主体准入准营机制，优化市场主体培育成长机制，推进公平竞争政策先行先试改革，推行"双随机、一公开"监管和"互联网＋监管"，深化社会信用体系建设，进一步降低市场主体制度性交易成本，更好发挥市场在资源配置中的决定性作用，使市场主体预期更稳、信心更足、活力更强。

（四）打造健康高效的经济生态环境

建强基础设施，对接国际高标准经贸规则，推进制度型开放，深化产业链治理现代化改革，优化金融综合服务，提升物流通达能力，完善创新服务体系，提升贸易投资便利度，提高资源环境保障能力，进一步优化产业生态、金融生态、物流生态、贸易生态、投资生态，加快实现基础设施畅通联通、产业环境优质高效、资源要素保障有力、贸易投资自由便利。

（五）打造暖心爽心的人文环境

进一步完善亲清政商关系制度体系，畅通政企沟通互动渠道，完善政府守信践诺机制，优化支持创业创新政策体系，确保政策稳定性持续性。大力培育和弘扬新时代企业家精神，营造全社会尊崇企业家氛围，弘扬文明有礼社会风尚，真正把企业家当自己人，形成思想共识、感情共鸣、发展共进的良好局面。

案例七　全球数字贸易博览会

一、基本情况

习近平主席高度重视数字贸易改革创新发展、高度重视全球数字贸易博览会，先后在第三届"一带一路"国际合作高峰论坛开幕式、亚太经合组织工商领导人峰会等多个重要场合，对办好数贸会作出重要指示。2023年11月23日，习近平主席向第二届数贸会致贺信，为共促全球数字贸易高质量可持续发展指明了方向，充分展现中方愿与各国一道建设开放型世界经济，促进全球数字贸易繁荣发展的坚定决心，得到与会中外嘉宾和社会各界人士高度评价和广泛赞誉。①

2022 年 12 月，首届全球数字贸易博览会在杭州举办，以"数字贸易 商通全球"为主题，汇聚了境内外 800 余家数字贸易头部企业，315 项数字产品在展会完成"首秀"，设立了 8 万平方米的展区，包含了综合馆和数字物流、数字品牌、数字内容、数字消费、数字技术、跨境电商六大数字贸易主题展馆。本届展会围绕数字贸易产业、平台、生态、制度、监管 5 大体系，共举办 26 场高层次论坛会议，300 余位来自国际组织和境外机构、国家部委、研究机构和行业龙头企业的嘉宾发表演讲、致辞或参与研讨，发布《中国（浙江）自由贸易试验区数字自贸区制度创新研究》《首批百家电商直播式"共富工坊"典型案例》《2022 浙江数字贸易创新应用获奖案例》等一大批创新实践案例，推动改革经验全球互学互鉴。发布浙江省数据交易服务平台数据国际交易专区，杭州国际数字交易中心正式揭牌，为加快推进数据要素市场化配置改革树立了样板，丰富了数字贸易的业态模式。成立国家数字服务出口基地产业联盟，集聚优质资源，培育产业集群，助推加快建设贸易强国。

2023 年 11 月 23 日至 27 日，第二届全球数字贸易博览会在杭州国际博览中心举办，以"数字贸易 商通全球"为主题，突出专业化、国际化、市场化三大特色。展览展示总面积达 10 万平方米，其中特装展位面积占比达 95%。来自 25 个国家和地区的 1018 家企业线下参展，367 家企业通过数贸会云平台在线上参加展览。1.5 万余名专业采购商参会，其中境外参展商 1700 余人，100 多个国际采购团来到数贸会现场商洽合作。围绕数字贸易的规则、规制、管理和标准，打造数

---

① 《共同把握新机遇　携手打造新引擎——习近平主席向第二届全球数字贸易博览会致贺信汇聚共同发展新动能》，新华社，2023 年 11 月 23 日。

字赋能绿色发展论坛、数字经济知识产权国际治理论坛、第二届全球数字贸易法治论坛等主题论坛，推动形成更多数字贸易发展全球共识。

二、主要做法

全球数字贸易博览会是一个集展览、论坛、对接会等多种形式于一体的国际性展会，是推动全球数字贸易发展与合作的重要平台，正成为引领全球数字贸易发展的风向标。

（一）努力构建数字贸易的"朋友圈"

广邀国际组织、国际政要、国际企业，会聚数字贸易领域专家。有"欧洲硅谷"之称的爱尔兰担任首届数贸会主宾国，芬兰、南非担任第二届主宾国。第二届数贸会共有68家国际组织和境外商协会代表，63个国家和地区的105名国际重要嘉宾和驻华使节出席，还有100多名跨国公司高管和500多名海内外专家学者，共同探讨全球数字贸易发展趋势和合作路径，共商共享数字贸易发展机遇。与会的国际嘉宾纷纷表示，愿同中国一道，拓展经贸合作新空间。

（二）精彩呈现产业前沿的"新议题"

聚焦数字贸易规则、规制、管理和标准4个维度，围绕丝路电商、数字文化贸易、数字金融、数字贸易等前沿热点话题开展研讨，发布了《中国数字贸易发展报告》《"丝路电商"合作发展报告（2016—2023年）》《全球数字经贸规则年度观察报告（2023年）》《数字贸易发展和合作杭州倡议》等各类规则标准、研究报告、合作倡议120余项，开展全球数字贸易博览会先锋奖（DT奖）活动，发布全球数字贸易行业企业 Top100 评选、数字贸易企业百强榜，数贸会正在成为我国积极参与数字贸易国际治理的重要平台。

（三）全面展示技术产品的"新动向"

围绕数字化改革背景下的数字贸易全产业链，两届数贸会汇聚了境内外 1800 余家数字贸易头部企业，首次集中展示全球 57 个大模型，多角度、多维度展示大模型的发展趋势和应用场景。参会来宾可以现场参观汽车机器人自动驾驶、态势感知一体机等诸多新技术、新产品，现场体验数字人民币亚运场景、3D 数字分身体验舱等互动项目，见证全球数字贸易领域的各类"首发""首秀""首展"，全力打造全球数字贸易领域"风向标"。

（四）努力创造扩大合作的"新机遇"

积极发挥数贸会溢出效应，助力"展商变成投资商"。结合浙江数字产业优势和未来发展趋势，积极开展一系列投资洽谈配套活动，共同推动产业项目落地。展会期间还采用多种合作形式签约一批重磅项目，聚焦数字化智能化转型和绿色低碳发展，围绕数字经济、总部经济、生命健康、新能源、新材料等重点产业，着力引进一批数字贸易龙头企业、优秀品牌和发展基地，培育数字贸易发展新优势。

三、经验启示

全球数字贸易博览会的举办，不仅有助于推动全球数字贸易的繁荣和发展，促进世界经济复苏增长，同时也为企业提供了展示自身实力、拓展市场、寻求合作的重要机会，有助于促进全球数字贸易交流、合作和发展。

（一）创新是引领发展的第一动力

数贸会在办展模式和服务手段等方面进行了一系列创新尝试，通过搭建云上数贸平台、采用全域展览布局等方式提升观众的互动体验感和参展商的参与度。这些创新举措不仅提升了数贸会的国际化水平和专业化程度，也为数字经济和数字贸易的发展注入了新的活力。

（二）开放合作是实现互利共赢的重要途径

数贸会秉持开放合作的理念，邀请国际组织共同参与，搭建云上国际馆等平台，为国际合作交流提供了广阔的空间。同时，展会还通过举办系列专场对接活动和人才招聘活动等方式促进项目落地转化和人才交流。这些举措不仅有助于推动数字经济和数字贸易的发展，也为实现互利共赢提供了有力支持。

（三）服务企业是提升展会价值的关键举措

数贸会聚焦企业需求，通过提供个性化精准服务、建立线上服务系统等方式优化企业参展参会体验。这些服务措施不仅有助于提升企业的满意度和忠诚度，也为展会积累了一批优质的企业资源，提升了展会的品牌价值和影响力。

（四）政府引导是推动数字经济发展的重要保障

数贸会的成功举办离不开政府的引导和支持。政府通过制定数字经济和数字贸易发展政策、设立专项资金等方式推动相关产业的发展。同时，政府还通过举办数贸会等大型活动为数字经济和数字贸易的发展搭建平台、拓展空间。这些举措不仅有助于提升数字经济的整体实力和国际竞争力，也为推动经济高质量发展提供了有力保障。

案例八 连连支付

一、基本情况

连连银通电子支付有限公司（以下简称"连连支付"）是中国独立第三方支付企业，国内产业互联网支付解决方案的提供商，国家规划布局内重点软件企业、高新技术企业，中国支付清算协会常务理事单位。

2013—2015 年，连连支付获得中国人民银行颁发的"跨境人民币结算业务批复"及国家外汇管理局颁发的"跨境外汇支付业务批复"，成为中国（杭州）跨境电子商务综合试验区首批试点企业。2017 年，连连支付正式上线跨境收款产品。目前，连连支付已具备为跨境电商企业提供收款、付款、多店铺统一管理、VAT（增值税）缴纳等一站式跨境金融服务；已在中国香港、美国、英国、欧洲、巴西、东南亚等地设立海外公司，拥有当地的海外金融牌照；支持人民币、英镑、欧元、日元、澳元、加元 6 个结算币种，累计服务全国 30 万跨境电商企业；在国内跨境电商企业第三方收款工具使用率居全国首位。

二、主要做法

连连支付作为专业的第三方支付机构，为浙江跨境电子商务企业提供了高效、便捷的支付解决方案，助力企业拓展市场、提升竞争力。同时，"地瓜经济"的快速发展也为连连支付带来了更多的业务机会和发展空间。通过发展"地瓜经济"，连连支付不仅促进了数字贸易的便利化，也推动了跨境电商的发展壮大，实现了国内循环与国际循环的顺畅链接。

（一）护航实体企业加速"出海"

连连支付作为中国跨境贸易中支付金融与服务领域的综合创新型企业，多年来一直紧跟国家政策，坚持把发展经济的着力点放在实体经济上，着力提升贸易投资合作质量和水平，更好满足外经贸企业交易结算、投融资、风险管理等市场需求，积极发挥科技创新能力、产业协同能力，为外贸新业态市场主体提供优质的配套服务，护航实体企业加速"出海"，积极推动人民币国际化发展进程，为夯实中国经济全球化基础提供支撑。

（二）借助跨境支付加速"布网"

依托跨境人民币结算、跨境收支便利化试点等政策，连连支付基于境内外60余张支付牌照及相关资质，打通了全球100多个国家和地区的本外币收付款通道，以跨境支付为切入点初步形成了全球支付网络的建设，大幅缩短了外贸经营者的跨境收款时间，并大大节省跨境收款成本。目前，连连支付支持超50家的全球主流电商平台、近120个站点的跨境收款功能，涵盖100多个国家和地区。

（三）通过强强联合加速"壮大"

连连支付始终坚持着合规先行的理念。2021年，连连数字新加坡子公司成功拿到新加坡金融管理局颁发的大型支付机构牌照；2021年12月，连连国际成功获得美国全境支付相关牌照，在保证合规安全的前提下，稳步推进支付业务出海进程，助力中国数字服务品牌出海。目前，连连银通公司已与27家银行、非银行支付机构开展收单业务签约合作，成功将国内上千万商户POS机接通入网。同时，连连支付已推出将近 70 款美国运通品牌人民币卡，并与四大头部移动支付平台合作，实现了境内移动支付商户的全面覆盖。目前，连连支付已累计服务超过 120 万中国跨境电商店铺，斩获超 60 个国家和地区的支付牌照。

三、经验启示

连连支付作为中国跨境贸易中支付金融与服务领域的综合创新型企业，在参与资金融通规则制定方面扮演着重要的角色，连连支付积极与监管机构、行业协会和国际合作伙伴进行沟通与合作，共同推动跨境支付行业的健康发展。同时，连连支付也关注国际市场的变化和趋势，不断优化自身的服务模式和产品创新，以满足不同国家和地区的市场需求。

（一）始终坚持市场导向

关注市场需求是成功的关键之一。顺应跨境支付市场的需求，推出专业化"一揽子"解决方案，不断满足客户新需求。与国际银行、支付机构、物流公司等建立合作伙伴关系，通过合作互利的方式拓展业务范围和提高服务水平。

（二）始终坚持创新驱动

注重技术、产品、服务等方面的创新，持续推出跨境收款、全球付款、信用卡收单等服务模式，提供更加高效、便捷的支付解决方案，增强核心竞争力。

（三）始终坚持稳中求进

跨境支付涉及多种风险，如流动性风险、信用风险等。注重风险管理，通过建立完善的风险管理体系和采用先进的风险管理技术，有效控制风险。

第六章
提能升级的支撑：
提升双循环枢纽功能

提高促进国内国际要素流动的枢纽功能，是增强国内国际两个市场、两种资源联动效应的重要途径。党的十八大以来，我国部署实施共建"一带一路"、国内统一大市场、长三角一体化、自由贸易试验区、进口博览会等重大开放战略，成为我国扩大开放的战略空间、深度融入经济全球化的重要载体。推进高水平对外开放，要进一步强化开放平台和枢纽功能，深化对内经济联系、增加经济纵深，促进国内国际市场相互依存、相互促进、更好联通。

第一节 建设世界一流湾区

一、建设世界一流湾区的国际经验

湾区指一个海湾或相连多个海湾、港湾、邻近岛屿共同组成的区域，主体是沿海岸分布的众多海港和城镇所构成的港口群和城市群。目前，全球 60% 的经济总量集中在入海口，75% 的大城市、70% 的工业资本和人口集中在距海岸 100 公里的地带，湾区在全球经济版图中成为一个突出亮点。20 世纪中叶以来，纽约湾区、旧金山湾区、东京湾区等三大世界级湾区相继崛起，成为全球高端要素竞争的主战场、催生新工业革命的"沃土"、全球经济的增长极和技术产业创新的主引擎。

（一）纽约湾区："金融湾区"典范

纽约湾区位于纽约州东南哈得孙河口，濒临大西洋。纽约港宽广、深浅适当，是西半球最优良的海港。在相当长的时间里，纽约是欧洲人进入北美地区和加勒比海地区的重要门户，是欧洲和美洲之间最重要的联系纽带。纽约湾区面积达 2.15 万平方千米，在 19 世纪 80 年代开始逐步发展，现在吸引了逾 4000 万人口定居与就业（占美国总人口超一成），世界 500 强企业中有 22 家来自纽约湾区；全美最大的 500 家公司，1/3 以上的总部均设在纽约湾区，成为美国甚至全球最有吸引力的地区之一。从核心产业看，纽约湾区主要是以金融业为引领的高端生产性服务业，作为促进制造业技术进步、产业升级和提高生产效率的专业服务保障，美国7家大银行中的6家，2900多家世界金融、证券、期货及保险和外贸机构均设于此，泛金融业贡献了纽约湾区三成以上的经济总量，第三产业占比高达89%。其中，华尔街是纽约湾区的心脏，拥有纽约证券交易所和纳斯达克证券交易所。从基础设施看，纽约湾区拥有贯穿整个区域核心都市的高速公路、高速铁路和民用航空等基础设施，涉及200条水运航线、14条铁路线、404公里长的地下铁道、3个现代化航空港以及稠密的公路网，从而大大便利了湾区内各城市间的联系，使得各种生产要素能够在区域内较为高效地流动和配置。从科技支撑看，纽约湾区拥有16所世界大学第三方指数（TUI）排名Top100的学校，集聚了诸如哥伦比亚大学、康奈尔大学、耶鲁大学、普林斯顿大学及纽约大学等众多全球著名高校，为纽约湾区提供了高素质的人才资源储备和高新科技研究实力基础。

（二）旧金山湾区："科技湾区"典范

旧金山湾区位于加州北部的西海岸，面积18040平方千米，主要的城市有旧金山、奥克兰、圣荷西等6市9个县，人口超过760万，是美国人均收入最高的地区之一。旧金山湾区以环境优美、科技发达著称，拥有上千家科技公司，包括Maigoo公布的2023年硅谷十大科技公司排行榜中类似苹果、谷歌、特斯拉、英特尔、Meta等全球知名科技公司，形成了一套完善的科技创新生态系统。旧金山湾区的科技创新生态系统可以分为核心层和环境支撑层：核心层以高科技公司为中心，包括全球知名大学和科研机构（国家实验室），还包括高科技素质的人才和创业者。环境支撑层包括宽松的人才政策和良好地创新氛围。旧金山湾区具有良好的开放性移民政策，便于人才能够自由地流入和迁出该区域，同时为人才提供优质的生活环境，这样才能够使人才和创新技术跨区域进行交流。这里的创新氛围良好，鼓励冒险同时又接受失败，在这里任何人都可以成为优秀的企业家。2023 年旧金山市的独角兽公司数量以 181 家位列全球第一。

（三）东京湾区："产业湾区"典范

日本的东京湾区位于日本本州岛关东平原南端，其面积仅占日本国土面积的 10%，承载了日本 1/3 的人口、2/3 的经济总量、3/4 的工业产值，是日本最大的工业城市群和国际金融中心、交通中心、商贸中心和消费中心。在东京湾的沿岸，横滨港、东京港、千叶港、川崎港、木更津港、横须贺港六个港口首尾相连，形成马蹄形港口群，年吞吐量超过 5 亿吨。同时，这些港口与国际机场、新干线以及数条高速公路交织在一起，构成海陆空立体交通网，有力支撑了湾区内人流及物流进出。东京湾区经过百年发展，逐步形成了京滨、京叶两大工业地带，钢铁、石油化工、现代物流、装备制造和高新技术等产业十分发达，成为集金融、研发、文化和娱乐等为一体的金融消费中心。日本年销售额在 100 亿元以上的大企业有 50% 设于湾区，三菱、丰田、索尼等一大批世界 500 强企业总部均设于此地，这些机构为湾区发展提供了较强的科技研发能力，也是东京湾区能够创造经济奇迹的重要因素。

三大世界级湾区的建设和发展过程，形成了富有规律性的成功经验。在发展过程上，一般都经历了港口经济、工业经济、服务经济、创新经济等阶段；在演进机制上，不断强化内生发展动力机制、创新驱动机制和区域协调机制等；在发展特征上，主要表现为高度开放、创新引领、区域融合和宜业宜居等特征；在城市群效应上，主要通过增长极核即核心城市的轴向运动形成发展轴带，继而通过轴带形成支撑区，并辐射周边城市和广阔腹地，进而推动区域经济一体化发展。

其中，港口枢纽和制造基地相结合是湾区初期发展的重要前提，要素汇聚和创新引领是湾区转型发展的关键因素。

二、浙江大湾区建设的实践和成效

浙江大地的先民们从未中断过开发建设大湾区的梦想和实践。早在唐宋时期，杭州湾就已是中国与东洋、西洋、南洋诸国贸易往来的重镇。1919 年，孙中山先生在《建国方略》中谋划的"东方大港"，就是杭州湾的乍浦港。1957 年，毛主席在浙江视察时赞叹钱塘江大潮"千里波涛滚滚来，雪花飞向钓鱼台"，寄寓了伟人对浙江发展和大湾区建设步伐像潮涌一样滚滚向前的愿望和嘱托。

浙江大湾区以环杭州湾经济区为核心，联动象山港、三门湾、台州湾、乐清湾、温州湾等湾区，涉及杭州、宁波、温州、湖州、嘉兴、绍兴、舟山、台州、金华 9 个地市。20 多年来，浙江大湾区建设已从初步构想阶段发展至实质性建设和高质量发展阶段，在基础设施互联互通、产业结构优化升级、科技创新驱动以及生态环境保护等方面取得显著成果，经济总量持续攀升。2023 年，大湾区 GDP 总量达到 78463.8 亿元，以浙江 3/4 的面积贡献了 95% 的地区生产总值（见图 6-1）。其中，环杭州湾 6 市实现 GDP 总量 57481.3 亿元，占全省比重达 69.6%，已成为全省最具创造力、最具想象力、最具吸引力的现代化建设热土。

（一）科学谋划大湾区重大生产力布局

突出"一湾引领"，联动温台沿海产业带、金衢丽产业带和义甬舟开放大通道建设，促进产业、人口及各类生产要素合理流动、高效集聚，构筑"空间成片""交通成网""创新成核""产业成链""生态成

图 6-1　2018—2023 年大湾区 GDP 总量增长情况
资料来源：作者根据公开资料整理。

群"一体化发展格局，着力打造省域高质量协调发展引领区、长三角一体化发展"金南翼"和全国现代化建设先行区，加快形成面向世界、引领未来的活力湾区，互补协作、协同高效的开放湾区，绿色智慧、节能低碳的美丽湾区，共建共享、共同富裕的幸福湾区。

（二）着力构建大湾区综合交通体系

交通是湾区的骨架和血脉。聚焦快速、便捷、高效、智慧，强化海港、空港、陆港、信息港"四港联动"，高标准推进港口集群、机场群、高铁和高速公路网络建设，高水平实现互联互通，打通湾区一体化发展和对外开放的大通道。目前，浙江已经实现高速公路"县县通"、高铁陆域"市市通"、内河高等级航道"通江达海"；宁波舟山港初步迈入世界一流强港行列，货物吞吐量稳居世界第一，海运运力稳居全国第一；"四港联动"加速推进，三大千万级机场全面建成，空港保障能力超 9000 万人次。

（三）全力打造世界级先进制造业集群

高水平建设环杭州湾产业带，集中集聚布局高端产业、高能级平台、引领性项目，着力培育数字安防、现代纺织、汽车制造、绿色石化等一批世界级先进制造业集群，加快培育发展集成电路、物联网、云计算、大数据、智能物联等新兴产业，大力发展海洋工程装备与高端船舶制造、港航物流服务等海洋特色产业。强化"产业大脑＋未来工厂"建设，推进百亿元以上产业集群工业互联网平台、规上工业企业数字化改造、细分行业中小企业数字化改造"全覆盖"。2023 年，大湾区规上装备制造业、战略性新兴产业、高新技术产业增加值分别占全省比重均超过 97%，三大产业占规上工业比重分别超过 47%、33%、67%。

（四）推进"互联网＋"科创高地建设

大力实施"互联网＋"科创高地行动，促进产业平台与科创走廊联动融合，推进创新资源和高层次人才集聚，构建"产学研用金、才政介美云"十联动创业创新生态系统。高水平建设杭州、宁波、温州国家自主创新示范区，之江实验室成功纳入国家实验室体系，布局建设 10 大省实验室。建立关键核心技术攻关倒逼、引领、替代、转化"四张清单"机制，推行"揭榜挂帅""赛马制"、创新联合体等攻关模式，数字安防、工业互联网、高端磁性材料等领域技术水平全国领先。

（五）持续提升城市现代化水平

全省域全方位融入长三角一体化发展、长江经济带高质量发展，在更大范围集聚要素资源、更广领域开展区域合作、更深层次参与全球经济循环。强化区域一体求纵深、拓空间，唱好杭甬"双城记"，提升四大都市区辐射能级，深化优势互补、功能叠加、发展协同，重塑核心战略平台和载体。实施未来社区、海绵城市、安全城市等一批现代化城市示范工程，不断提升城市品位和承载能力。积极推进湾区绿色化，加快形成绿色生产方式、绿色生活方式，建设花园大湾区，打造生态文明示范区。

三、新征程上建设世界一流湾区的政策思考

从国际经验来看，大湾区是区域经济发展的必然趋势和高阶形态。目前，我国主要有粤港澳、环渤海和环杭州湾三大湾区，有基础、有条件打造世界一流湾区，要加快推动体制机制创新，提升区域一体化发展的内生动力，打造创新能力突出、产业结构优化、要素流动顺畅、生态环境优美的一流湾区。

（一）构建区域协同创新共同体

积极吸引和对接全球创新资源，完善区域协同创新体系，优化创新制度和政策环境，着力提升科技成果转化能力，建设全球科技创新高地。支持重大科技基础设施、重要科研机构和重大创新平台在大湾区布局建设，推动重大科研基础设施和大型科研仪器开放共享，探索有利于人才、资本、信息、技术等创新要素跨境流动和区域融通的政策举措。建立以企业为主体、市场为导向、产学研深度融合的技术创新体系，支持企业、高校、科研院所共建高水平的协同创新平台，合力攻克一批关键核心技术。

（二）共同培育打造世界级产业集群

大力推进制造业转型升级和优化发展，强化产业分工协作，促进产业优势互补、紧密协作、联动发展，共同打造具有国际竞争力的现代产业体系。推动产业空间重塑、产业链条重构，培育一批增长强劲的核心区、优势互补的协同区，构建布局合理、错位发展、功能协调的平台体

系。瞄准国际先进标准提高产业发展水平，支持传统产业改造升级，推动通用大模型、数字孪生等革命性技术与制造全过程全要素深度融合，不断衍生新产业、新业态、新模式。围绕"链主"构建上下游生态圈，引导赋能中小企业融入大企业产业链供应链体系，推动"链"上企业紧密合作，提高产业整体竞争力。

（三）携手扩大对外开放能级

湾区向海而生，自带开放的基因。要坚持全球视野，发挥共建"一带一路"、自贸试验区等国家战略叠加优势，主动对接国际高标准经贸规则，稳步扩大规则、规制、管理、标准等制度型开放。积极引导产业链的全球化合理布局，鼓励企业"走出去"多元布局、国际化发展。大力吸引发达国家先进制造业、现代服务业和战略性新兴产业投资，吸引跨国公司总部和国际组织总部落户大湾区。加快引进国际先进技术、管理经验和高素质人才，支持跨国公司在大湾区内设立全球研发中心、实验室和开放式创新平台。

（四）着力构建统一大市场

加强交通基础设施建设，强化联程联运，推动湾区形成布局合理、功能完善、衔接顺畅、运作高效的基础设施网络，进一步降低物流成本、提升运输效率。加快区域市场一体化建设，在健全市场制度规则、完善市场基础设施、共享物流发展成果、强化跨区域市场监管协作等方面积极探索创新。加大力度推进重点领域改革，着力破除地方保护和市场分割等突出问题，加快清除妨碍统一市场和公正竞争的制度和政策，大力培育和弘扬公平竞争的文化，为各类经营主体营造公平竞争的市场环境。

第二节　建设世界一流强港

一、充分认识建设世界一流强港的重大意义

港口是基础性、枢纽性设施，是经济发展的重要支撑。党的十八大以来，习近平总书记多次亲临港口考察，明确提出港口是基础性、枢纽性设施，是经济发展的重要支撑，并着眼国内国际形势变化作出建设世界一流强港的战略部署[①]，对指引我国港口更好服务经济高质量发展和重大区域战略具有重要意义。

（一）建设世界一流强港是更好服务国家战略的重要支撑

习近平总书记强调，要把港口建设好、管理好、运营好，以一流的设施、一流的技术、一流的管理、一流的服务，为长江经济带发展服务好，为"一带一路"建设服务好，为深入推进西部大开发服务好。[②]港口是我国交通枢纽、水陆联运的咽喉，近年来我国提出的海洋强国、交通强国、京津冀协同发展、长江经济带建设、长三角一体化发展、粤港澳大湾区建设等一系列国家重大战略的实施，都离不开发达的港口基础设施和生产服务能力支撑。建设世界一流强港，有利于增强港口物流、航运服务、经济辐射和资源配置能力，更好为服务国家战略担当作为。

---

① 《习近平在浙江考察时强调 统筹推进疫情防控和经济社会发展工作 奋力实现今年经济社会发展目标任务》，《人民日报》2020年4月2日，第1版。

② 《书写新世纪海上丝绸之路新篇章——习近平总书记关心港口发展纪实》，《人民日报》2017年7月6日，第1版。

（二）建设世界一流强港是推动更深层次对外开放的战略需要

党的二十大报告强调，要加快构建以国内大循环为主体、国内国际双循环相互促进的新发展格局，明确提出要"加快建设交通强国""建设高效顺畅的流通体系"。港口是对外开放的门户和枢纽，目前我国港口已与世界200多个国家、600多个主要港口建立了航线联系，我国90%以上的外贸货物通过港口进出。建设世界一流强港，有助于增强国内国际两个市场两种资源联动效应，提升全球战略资源配置能力、优化生产要素配置，是促进国内国际双循环、推动形成"陆海内外联动、东西双向互济"开放格局的"硬核力量"。

（三）建设世界一流强港是推动经济高质量发展的必然要求

习近平总书记强调，经济要发展，国家要强大，交通特别是海运首先要强起来。[①] 目前，我国已经是名副其实的港口大国，港口规模处于世界前列，世界前十大港口中我国占了7席，发展了一批具有国际影响力的大港。但与世界先进港口相比，我国港口综合运输体系的枢纽功能有待强化，在专业物流、现代服务功能、多式联运特别是集装箱铁水联运等方面仍有较大差距，口岸物流通关便利化程度、口岸营商环境有待进一步改善。当前，我国处于构建现代化经济体系、推动产业迈向全球价值链中高端的发展阶段，对港口支撑经济高质量发展的需求提升到了新的高度。要进一步提升物流服务质量和效率，以港口为核心加快构建现代物流体系，发展枢纽经济、通道经济，支撑和推动产业布局调整、要素配置优化、发展模式创新，促进现代物流与区域经济互促发展、良性互动。

[①] 《习近平在京津冀三省市考察并主持召开京津冀协同发展座谈会时强调 稳扎稳打勇于担当敢于创新善作善成 推动京津冀协同发展取得新的更大进展 韩正陪同考察并出席座谈会》，《人民日报》2019年1月19日，第1版。

二、浙江建设世界一流强港的实践和成效

2020 年 3 月，习近平总书记在浙江考察时强调，宁波舟山港在共建"一带一路"、长江经济带发展、长三角一体化发展等国家战略中具有重要地位，是"硬核"力量，要坚持一流标准，把港口建设好、管理好，努力打造世界一流强港，为国家发展作出更大贡献。[①] 按照习近平总书记指引的发展道路，宁波舟山港口持续增强港口核心竞争力、聚合支撑力、辐射带动力，"硬核力量"不断凸显。2023 年，宁波舟山港货物吞吐量完成 13.24 亿吨，同比增长 4.9%，连续 15 年位居全球第一；集装箱吞吐量完成 3530 万标箱，同比增长 5.9%，稳居全球第三，现拥有 300 余条集装箱航线，联通 200 多个国家和地区的 600 多个港口，成为全球重要港航物流中心、战略资源配置中心和现代航运服务基地。

（一）积极推进宁波舟山港一体化

2003 年，时任浙江省委书记的习近平同志第一次到舟山调研时，明确提出加快宁波舟山港一体化进程。[②] 按照统一规划、统一品牌、统一建设、统一管理的"四统一"思路，本着"优势互补、互惠互利、联合开发、共同发展"的宗旨，整合港口设施、统一运营管理、强化服务功能。两港深度融合打破了原有的行政区划壁垒，实现了资源优化配置和协同效应的显著提升。2009 年，宁波舟山港完成货物吞吐量 5.77 亿吨，首次跃居全球海港吞吐量第一。2015 年，宁波舟山港年集装箱吞吐量首次突破 2000 万标准箱，超过香港港成为全球第 4 大集装

①② 《习近平在浙江考察时强调：统筹推进疫情防控和经济社会发展工作 奋力实现今年经济社会发展目标任务》，《人民日报》2020 年 4 月 2 日，第 1 版。

箱港口。

（二）主动融入"一带一路"倡议和国家、省域战略

积极推动港口营运主体有序"走出去"，实施"一带一路"迪拜站、瓜拉丹戎港口产业园区等国际投资项目，与西班牙阿尔赫西拉斯港等 30 多个友好港开展运营管理合作，推动更大范围、更深层次国际合作；大力发展"一带一路"国家航线网络布局，集装箱航线总数 130 条，构筑起联通"海上丝绸之路"沿线国家和地区的庞大海上贸易航线网络。全面推进长江经济带沿线港口合作，长江集装箱内支线业务获得快速发展。积极参与长三角港航一体化发展，推动浙沪小洋山合作开发，深化浙苏皖港航物流合作，努力实现区域港口优势互补、互利共赢，共建长三角世界级港口群。以推动海洋强省、自贸试验区、义甬舟开放大通道建设和山区 26 县高质量跨越式发展、美丽浙江建设五大省域战略为重点，促进港地共生共融发展。

（三）推动海港、陆港、空港、信息港"四港联动"

强化"四港"枢纽联通、通道联贯、信息联网、标准联结、运输联程、企业联盟"六联"，推动港口集疏运体系建设，推动海公铁、江海河、空公铁等多式联运建设，打通向西辐射通道，构筑开放互通、一体高效的联动发展格局。推进海港与陆港联动，加强金华义乌陆港、杭州无水港建设，纵深推进义甬舟开放大通道建设，打造长三角中欧班列集结中心（金华），2023 年"义新欧"班列开行达 2380 列。推动海港与空港联动，高水平打造杭州国际航空枢纽和临空经济示范区，增强宁波、温州区域航空枢纽辐射能力，加快建设嘉兴长三角航空物流枢纽和金义区域航空枢纽。推动海港与信息港联动，数字赋能智慧港口建设，加大自动化、半自动化集装箱码头操作系统、远程作业操

控技术研发与推广应用，打造"四港联动"智慧云平台功能，实现全要素、全流程信息对接和数据共享。

（四）优化提升航运服务功能

持续做强船供、船交、船修等特色航运服务，2023年保税船用燃料油加注量突破700万吨，跻身全球第四大加油港，成为全球第5个具备国际船舶LNG加注服务能力的枢纽港；以浙江船舶交易市场为主体，构建集船舶经纪、拍卖、评估、勘验于一体的船交服务体系，打造"拍船网"平台品牌，2022年船舶交易额达80亿元，占全国的1/3；推进规上修船企业开展绿色修船工艺和装备改造，打造"绿色修船"品牌，修船业务量占全国40%、全球20%。大力培育航运金融、海事法律等高端港航服务，推动港口码头、海上责任保险产品开发，杭州、宁波成立国际商事法庭，定期发布海上丝路指数，不断增强港航产业国际竞争力、高端服务力、要素集聚力。

三、新征程上建设世界一流强港的政策思考

交通运输部《关于建设世界一流港口的指导意见》明确提出，建设安全便捷、智慧绿色、经济高效、支撑有力、世界先进的世界一流港口。加快世界一流强港建设，是新征程上强国建设的重要命题，要拿出勇创世界一流的志气和勇气，为国家发展作出更大贡献。

（一）健全港口集疏运体系

当前，我国港口集疏运体系中，公路运输占比仍然过大，多式联运比例较低。要以铁水联运、江海联运、江海直达等为重点，大力发展以港口为枢纽、"一单制"为核心的多式联运，推动海港、陆港、空港、信息网络"四港联动"。持续提高联运服务能力，促进不同运输方

式间有效衔接，解决铁路进港"最后一公里"问题，推动综合交通体系优化、运输增效、物流降费。统筹各方力量打造"四港"智慧物流信息平台，探索实现智慧物流的共性技术研发和服务，实现"四港"一体化的产业标准支撑，跨区域跨地域的互联互通，公共物流信息的一站式服务，以及物流运行监测和区域经济协调发展的决策支撑。

（二）提升港航服务国际竞争力

高质量发展港航服务业是港口由"大"向"强"转变的必由之路。进一步优化港口装卸存储主业，完善港口船舶供应和服务保障体系。延伸港口物流产业链，增强中转配送、流通加工等增值服务，形成高效、便捷、开放的港口全程物流一体化服务体系。大力发展港航信息、商贸、金融保险等现代服务业，吸引国际货物中转、集拼等业务，提升航运服务能级。积极推动国际贸易"单一窗口"建设，不断优化口岸监管流程和查验方式，完善口岸监管范围执法互助、检验互认、信息互通的管理模式，提升港口综合服务效率。

（三）深化港口对外开放能级

主动融入"一带一路"，通过设点、连线、成网、布局，构建完善的海上互联互通网络，加强港口与中欧班列、西部陆海新通道、中欧陆海快线等衔接，加快建设便捷高效的国际贸易综合运输体系。完善港口国际合作机制，大力吸引外商投资。鼓励大型港口企业"走出去"，积极参与"一带一路"沿线港口投资、建设、运营，支持通过参股、合建等方式探索投资欧美重要的集装箱枢纽港，加强与全球码头营运商的合作。

（四）推进港口一体化发展

我国各地港口仍然存在布局不合理、功能雷同、资源利用集约度不高、整体竞争力不强等突出问题。要加强区域港口资源整合，促进港口资源利用集约化、运营一体化、竞争有序化、服务现代化。以更高质量一体化为导向，推动区域性航道、锚地共享共用，完善干支联动、江海互动的发展格局，加快建设布局合理、功能完善、优势互补、协同高效的京津冀、长三角、东南沿海、粤港澳大湾区、西南沿海等区域港口群。

（五）推动港口智慧化绿色化发展

推进互联网、物联网、大数据等信息技术与港口服务和监管的深度融合，建设智能化港口系统，加强自主创新、集成创新，加大港作机械等装备关键技术、自动化集装箱码头操作系统、远程作业操控技术研发与推广应用的力度，积极推进新一代自动化码头、堆场建设改造。积极采用新技术、新材料、新工艺，实施港口设施"油改电"工程，鼓励新增和更换港口作业机械、港内车辆和拖轮等优先使用新能源和清洁能源，推广使用绿色设备和绿色能源，建立清洁低碳的港口用能体系。

第三节　建设世界一流平台

一、充分认识各类平台在发展开放型经济中的关键作用

自贸试验区、自贸港、综合保税区等各类平台处于全球开放合作的前沿，是衔接国内国际循环的枢纽。党的十八以来，各类开放平台作为我国资源要素集聚高地和制度创新高地，有力推动了我国开放型经济高水平发展。

（一）开放平台是我国畅通经济循环、联通内外市场的重要枢纽

各类平台处于全球开放合作的前沿，链接国内国际两个市场、两种资源，在畅通双循环中具有显著优势、独特地位。2022 年，国家级经济技术开发区实际使用外资和进出口额占全国比重均超过 20%，集聚世界 500 强企业总部、研发中心超 300 家；自贸试验区实现进出口总额 7.5 万亿元，占全国 17.8%，实际使用外资 2225.2 亿元，占全国 18.1%。建设世界一流平台，打造国家级、全球性、标杆性的对外开放载体，有利于更大力度汇聚全球高端人才、高端产业、先进技术、金融资本，促进市场对接、产业对接、规则对接，推动国内国际双循环相互促进，更好引领经济发展质量变革、效率变革、动力变革。

（二）开放平台是我国参与全球产业链供应链分工合作的关键支点

随着国际分工不断深化和地缘政治紧张局势影响，全球供应链区域化属性日渐突出，中高端环节愈加向美欧等发达国家和地区集聚，低端环节则流向劳动力更密集、资源更富集、成本更低的国家和地区。其中，加工组装环节从中国转移至越南、柬埔寨等东南亚国家。其中既有科技创新、环保压力、用工成本等因素，又有美国等国家鼓励制造业回流、跨国公司重构全球供应链等因素。境内境外国际合作园区，是承接国际产业转移、吸引投资的重要载体，要把握好全球供应链构建、重塑、创新带来的历史性机遇，积极参与全球产业链合作，跨越全球供应链转型升级鸿沟，进一步迈向全球价值链中高端。

（三）开放平台是我国对接国际高标准推进制度型开放的"试验田"

以自贸试验区为代表的开放平台是探索高水平对外开放的先行区。自 2013 年 9 月上海自贸试验区挂牌成立以来，我国先后部署设立了 22 个自贸试验区，推动了一系列首创型的实践，累计向国家或特定区

域复制推广 302 项制度创新成果，涵盖投资贸易便利化、金融开放创新、事中事后监管、产业高质量发展、知识产权保护多领域，带动我国对外开放水平不断提高。随着国际贸易新规则愈发严格、地缘政治环境愈发复杂，我国自贸试验区建设面临的国际形势更为严峻、国内改革任务更为艰巨，必须紧跟世界投资贸易最前沿和最前端的规则变化，深入实施自贸试验区提升战略，在制度创新、系统改革集成方面加快脚步，在更广领域、更深层次探索提升制度型开放的路径。

二、浙江建设开放平台的实践和成效

改革开放以来，浙江积极打造高水平对外开放平台，基本形成由自贸试验区、境外经贸合作区、国际产业园、开发区和海关特殊监管区组成的雁阵开放平台格局。

（一）全面推进中国（浙江）自由贸易试验区建设

浙江自贸试验区于 2017 年 4 月正式挂牌，2020 年 8 月实现"扩区升级"，持续探索实施自贸区首创性、差异化改革，着力打造以油气为核心的大宗商品资源配置基地、新型国际贸易中心、国际航运和物流枢纽、数字经济发展示范区和先进制造业集聚区。目前，省、市、县（市、区）三级已累计形成 511 项制度创新成果，其中全国首创 160项。2023 年，浙江自贸试验区以不到全省 1/400 的面积贡献了全省 20.3% 的外贸和 19.8% 的实际使用外资。

（二）高质量打造境外经贸合作区

目前，浙江已经在全球布局 19 个境外经贸合作区，其中国家级境外经贸合作区 4 家，省级境外经贸合作区 15 家。在区域布局上，境外经贸合作区串联起东南亚、中亚与欧洲，跨洋拓展至北美，形成了贯穿"一带一路"共建国家、兼顾欧美的境外经贸合作区格局。在园区类型上，囊括加工制造、商贸物流、科技研发等商务部认定的全部6种类型（见表6-1）。《境外经济贸易合作区高质量发展报告2023》显示，浙江位列合作区建设综合排名首位，总投资额占比最大，占总量的1/3。

表6-1　浙江省19家省级以上境外经贸合作区名单

序号	园区级别	园区名称	类型
1	国家级境外经贸合作园	泰中罗勇工业园	加工制造型
2		越南龙江工业园	加工制造型
3		乌兹别克斯坦鹏盛工业园	加工制造型
4		俄罗斯乌苏里斯克经贸合作区	加工制造型
5	省级境外经贸合作园	文莱大摩拉岛石油炼化工业园区	加工制造型
6		印尼纬达贝工业园区	资源利用型
7		北美华富山工业园	加工制造型
8		杭州硅谷协同创新中心	科技研发型
9		百隆（越南）纺织园区	大型专业型
10		塞尔维亚贝尔麦克商贸物流园区	商贸物流型
11		捷克（浙江）经贸合作区	商贸物流型
12		乌兹别克斯坦农林科技产业园	农业产业型
13		中柬国际农业合作示范园区	农业产业型
14		浙江海亮股份有限公司（美国）工业园区	加工制造型
15		贝宁中国经济贸易发展中心	商贸物流型
16		华立柬埔寨农业园	农业产业型
17		印尼OBI产业园	大型专业型
18		迪拜义乌中国小商品城	商贸物流型
19		振石印尼华宝工业园区	大型专业型

资料来源：作者根据公开资料整理。

（三）大力建设国际产业合作园

立足产业发展基础，以精准招商为抓手，全方位拓展国际产能合作，促进园区产业快速切入国际产业链、价值链高端，构筑国际化产业合作新高地。目前，浙江共有17个国际产业合作园，初步形成以国家级产业园为引领、省级国际产业合作园为支撑、若干家在创建的国际产业合作园为补充的发展格局，打造了一批主体功能突出、高端要素集聚、外资来源地相对集中的优势平台，成为浙江经济转型升级的重要组合拳之一。

（四）推动各类开发区创新发展

浙江现有国家级经济技术开发区22家，数量居全国第2，仅次于江苏；国家级高新技术产业园区8家，数量与四川、湖南、辽宁并列全国第6。省级经开区75家，参照省级经开区管理单位8家，省级高新区26家。引导各类开发区围绕主导产业和优势产业开展产业链招商，培育打造先进制造业集群。全省各类开发区以占据全省约11%的土地面积，贡献全省96%以上的税收收入和外贸总量。

（五）提升海关特殊监管区竞争力

结合各地开放型经济发展需要和产业特色，聚焦国家战略实施和重大项目引进，发挥要素集聚和辐射带动作用，加快形成管理规范、通关便捷、用地集约、产业集聚、绩效突出的省域海关特殊监管区发展格局。截至目前，浙江共有12个海关特殊监管区域，规划面积29.417平方千米，包括宁波保税区和杭州、宁波北仑港、嘉兴、宁波前湾、宁波梅山、舟山港、金义、温州、义乌、绍兴、台州综合保税区。

三、新征程上建设世界一流平台的政策思考

习近平总书记强调，在新的起点上，我们将坚定不移扩大对外开放。[①]进一步扩大对外开放离不开世界一流平台的支撑，要把平台建设放到对外开放大局中来谋划定位，集中力量、集聚资源、集成政策，打造开放层次更高、营商环境更优、辐射作用更强的开放高地。

（一）加快提升开放平台能级

充分发挥高水平开放平台的引领作用，高水平建设自贸试验区，赋予自贸试验区更大改革自主权，开展首创性、差别化改革探索，形成更多制度创新成果。稳步推进海南自贸港建设，以贸易投资自由化便利化为重点，促进要素跨境自由有序安全便捷流动。推进国家级新区、经济技术开发区、高新技术产业开发区、海关特殊监管区域等各类平台扩量提能，培育一批产业优势明显、创新驱动突出的外贸外资集聚地。

（二）全方位拓展国际产能合作

立足本地特色产业基础，深度谋划一批双向合作平台和支撑性项目，高水平推动点对点、园对园的区域和国别合作，打造一批开放程度高、价值链占位高、研发创新能力强、国际合作密切、营商环境好的国际化专业化产业高质量发展平台。推动内外园区联动发展，加强国际产业合作园和境外经贸合作区的对接合作，共建跨境产业链供应链。加强境外园区建设的系统规划，优化投资方向，鼓励科技型境外

---

① 习近平：《中国发展新起点 全球增长新蓝图——在二十国集团工商峰会开幕式上的主旨演讲》，《人民日报》2016年9月4日，第3版。

经贸合作区在全球范围内承接科创项目，利用全球智力资源、资本资源打造全球领先的技术研发基地。

（三）打造具有国际影响力的贸易促进平台

发挥好进博会、广交会、服贸会、中国 – 中东欧国家博览会、世界互联网大会乌镇峰会等展会作用，培育若干国际知名度高、影响力大的境内外展会，打造国际采购、投资促进、人文交流、开放合作平台，持续提升高水平展会在全球范围内的影响力。办好数字贸易博览会，推动世界电子贸易平台（eWTP）市场化全球布局和规则创新孵化，培育一批品牌化、特色化、合规化的跨境电商独立站。扶持一批创新境外展会，整合驻外商协会、知名展会公司、跨境电商、直播电商等优势展会资源，面向"一带一路"共建国家和地区持续推进跨境展会业态创新，鼓励探索跨境线上线下融合办展新模式。

（四）优化开放平台发展环境

大力提升开放平台的创新浓度和人才密度，发挥开放平台的制度创新高地优势，推动平台优化运行机制和运营管理模式创新，完善平台综合公共服务功能，加快形成创新发展良好生态。加快构建自主创新产业体系，推动开放平台创新联动发展，支持开放平台与国内外知名高校、科研院所合作，培育壮大一批高新技术企业。强化和落实平台吸纳高端人才的政策，建强人才链，激活创新链，做优产业链，将开放平台建设为海内外高层次创新人才荟萃之地。

案例九　宁波舟山港

一、基本情况

改革开放以来，宁波舟山港主要经历了4个发展阶段：①奠基蓄势阶段（1978—2001年），标志性事件是成为亿吨大港。1978年，宁波港从内河港走向河口港，经过20多年持续努力，2000年货物吞吐量突破1亿吨。②飞跃发展阶段（2002—2009年），标志性事件是加快宁波、舟山港的一体化，成为世界第一大港。习近平同志在浙江工作期间5次前往宁波舟山港调研指导，亲自擘画推动两港一体化发展。宁波舟山港自2009年起连续15年保持世界第一大港地位。③全面提升阶段（2010—2019年），标志性事件是成为国际性集装箱枢纽港，2016年宁波舟山港和全省港口实现了以资产为纽带的实质性一体化，浙江省海港集团、宁波舟山港集团先后成立，宁波舟山港由大港向强港加速迈进，集装箱吞吐量2015年超香港、2018年超深圳，跃居全球第三。④强港建设阶段（2020年至今），标志性事件是总书记赋予"建设世界一流强港"的更高使命。2020年3月，习近平总书记在宁波舟山港考察时强调，宁波舟山港在共建"一带一路"、长江经济带发展、长三角一体化发展等国家战略中具有重要地位，是"硬核"力量，并指出，要坚持一流标准，把港口建设好、管理好，努力打造世界一流强港，为国家发展作出更大贡献。①

---

① 《习近平在浙江考察时强调：统筹推进疫情防控和经济社会发展工作 奋力实现今年经济社会发展目标任务》，《人民日报》2020年4月2日，第1版。

2023 年，宁波舟山港货物吞吐量 13.2 亿吨、集装箱 3530 万标箱，同比分别增长 4.9%、5.9%，分别继续保持世界第 1、第 3。

二、主要做法

宁波舟山港依托其深水良港、全球布局的航线网络和高效的物流服务体系，不仅扮演着连通国内与国际市场的桥梁角色，更是国内外商品、资本、技术等要素高效流动的重要枢纽。

（一）提升"港"的硬核实力

宁波舟山港瞄准集装箱吞吐量超 4000 万标箱目标，全面建成梅山港区 6 号至 10 号集装箱码头工程，全面投运形成第 2 个千万级集装箱泊位群，着力打造世界级集装箱泊位群。高质量推动国际油气交易中心建设，加快长三角油气期现一体市场建设。深入推进宁波舟山港一体化，推动港口经营、交通组织等一体化，实现宁波、舟山两港域港口理货、内贸船用燃料油加注等资质"一地办理、两地互认"。2023 年，宁波舟山港完成货物吞吐量 13.2 亿吨，较 2014 年增长了 51.72%，连续 15 年位居全球第一；集装箱吞吐量 3530 万标箱，较 2014 年增长了 81.49%，连续 6 年居全球前三。《新华·波罗的海国际航运中心发展指数报告（2023）》显示，宁波舟山首次跻身全球航运中心城市第 9 位。

（二）优化"网"的全球布局

世界一流强港关键强在全球资源配置的掌控力和话语权。深化宁波舟山港海外拓展和全球化布局，成功落地并建成投运的项目——浙江省海港集团所属迪拜海港云仓汽车物流海外仓正式开仓，陆续拓展了汽车进口、回程货物订舱及迪拜段国际中转代理等业务。注册成立浙江海港（越南）供应链管理有限公司，为构建"货源更集聚、时效更快捷、成本更低廉、服务更优质"的东南亚物流服务网络打下坚实基础。积极拓展海上丝路航线网络，加强与航运巨头和班轮联盟合作，织密海向航线网络，截至2023年底，宁波舟山港国际集装箱航线已达250条，其中"一带一路"航线达120多条。加快建设温州近洋航线航运中心，新开通马来西亚、日本、印尼、韩国等4条近洋航线，外贸航线总数达14条。高质量承办第七届海丝港口国际合作论坛，入选第三届"一带一路"国际合作高峰论坛"政府间合作平台成果"和"2023至2024年举办的国际会议"成果。宁波"海上丝绸之路出口集装箱运价指数"（NCFI）正式登陆英国知名媒体The Loadstar，与9个国际机构达成指数推广合作。

（三）增强"物"的通达能力

发挥国家战略叠加效应，提升海港、陆港、空港、信息港"四港"联动的水平，加快"一网智联"建设推广，实现"一键订舱、一码约箱、一单报关、一站联运、一路可视"五大功能，多式联运订舱操作效率提升40%。推进长三角一体化发展，宁波舟山港股份有限公司完成收购上海冠东国际集装箱码头有限公司20%股权，入股洋山港区一期、二期、三期，建设安徽宣城无水港项目。沿长江经济带拓展西向内陆腹地，与江西省港口集团有限公司、九江市交通航运发展集团有限公司合资组建江西省港航物流发展集团有限公司，共同推进江西省港航资产的运营管理，提升当地港航物流服务水平。加快内陆地区物流网络布局，新增黄山无水港、新增马鞍山无水港，内陆无水港数量增至36个。加强与金丽温大通道开放协同，推动温州港深入对接金华、江西等市场，强化与铁路平台、船公司的协作，推动温州港海铁联运发展，2023年温州港集装箱海铁联运完成5964标箱，同比增长19.1%。

三、经验启示

一流强港是一国对外开放的重要战略支点，在全球航运网络中占据关键地位，对于推动开放型经济发展具有重大作用。

（一）构建陆海统筹新机制

深化海港、陆港、空港、信息港联动，优化海上通道节点布局，拓展国际航线网络，做大本土国际远洋运输船队规模，建设世界级港口泊位群，深化与"一带一路"共建国家铁路运营商业务合作，谋划参与边境口岸无水港建设和合作，做强国际陆港，完善海陆天网四位一体互联互通布局，构建立足长三角、辐射全国、链接全球的现代物流服务体系。

（二）对标世界一流强实力

提高航运高端服务软实力，培育发展航运经纪、航运金融等航运高端服务，做强船供船修、保税燃料供应等品牌，努力建设全球重要的港航物流中心和具有鲜明区域特色的国际航运服务基地。提升大宗商品全球配置硬实力，大力开展油气储备改革试点，推进铁矿石交易中心建设，探索建立与国际接轨的大宗商品自由贸易制度体系，谋划大宗商品特色自由贸易港。

（三）畅通内外循环大通道

向内持续推进沿江、沿海、沿河、沿铁业务合作，拓展港口网络布局，进一步扩大港口腹地范围。向外优化国际航线布局，加快建设通达全球的航空物流网、快递邮政网和国际铁路运输通道，集聚国际一流平台企业和物流供应链企业，推进海外仓高质量发展，构筑内外交融相通的全球物流网。

案例十　浙江中欧班列

一、基本情况

浙江中欧班列是浙江省践行"一带一路"倡议的标志性工程，被习近平总书记誉为亚欧大陆互联互通的重要桥梁和"一带一路"建设的早期成果①。2014年11月18日，首列浙江中欧班列从中国义乌首发，经新疆阿拉山口口岸出境，途经哈萨克斯坦、俄罗斯、白俄罗斯、波兰、德国、法国，最终抵达西班牙首都马德里。历时21天，全程13052公里，是我国运输线路最长、经过国家最多、换轨次数最多的铁路国际集装箱班列。初期阶段，浙江中欧班列主要连接中国东部的义乌与欧洲西班牙的马德里，以其超长的运行里程和高效的运输服务而备受瞩目，逐渐成为"一带一路"倡议下连通亚欧大陆的重要物流通道。在后续几年间，浙江中欧班列持续增开新的班次和特色专列，服务范围覆盖了沿线多个国家和地区的众多城市，并通过市场化运作和技术创新，显著降低了运营成本、缩短了运输时间，单趟列车运行时间最短已缩短至17天左右。随着运营模式的不断成熟以及对沿线国家和地区经贸合作的深入推动，浙江中欧班列不仅承载着丰富的商品贸易往来，还承担起输送防疫物资等紧急任务，为保障全球供应链稳定发挥关键作用。截至2023年，浙江中欧班列已实现高频次、常态化的发运，年度发运量屡创新高，有力地促进了中国与欧洲及沿线国家的

---

① 《习近平会见多国领导人》，《人民日报》（海外版）2017年5月14日，第2版。

互联互通和经济一体化进程。

二、主要做法

浙江中欧班列以"一带一路"倡议为契机，如同一根坚韧的地瓜藤蔓，深深扎根于中国，蔓延至亚欧众多国家，构建起互联互通的国际物流新通道。

（一）开辟亚欧陆路运输新通道

勇于翻越山河，驰骋欧亚大陆，运输规模持续扩大。先后开通了24条线路，到达境外站点101个，实现了跨越式发展。截至2023年底，浙江中欧班列累计往返运行突破9100列，运送超74万标箱，位列全国中欧班列发运量第一梯队。注重连线成网，通达欧盟、俄罗斯、白俄罗斯、中亚五国、越南、老挝等，覆盖50多个国家和地区，运输网络持续完善。开通运行"金华（义乌）—喀什—中亚""义乌—加里宁格勒—罗斯托克""义乌—卡德柯伊（土耳其）"3条多式联运新通道，运输辐射横贯亚欧、联通中外，成功实现亚欧大陆"从太平洋直达大西洋、波罗的海、里海、黑海，从浙江直达中亚、南亚、东南亚"的互联互通。提升运输质效，运输费用约是空运的1/5，运输时间约是海运的1/3，综合考虑高附加值货物在途时间成本，中欧班列与传统的海铁联运相比可以节约8% ~ 20%的综合物流成本，且具有受自然环境影响小、稳定性高的特点，在满足高附加值、强时效性等特定物流需求方面具有比较优势。

（二）助力沿线国家经济发展

打造了亚欧国际朋友圈，助力沿线国家经贸与投资往来。从海外国家进口的角度来看，中欧班列能够为目的地提供更多元稳定的商品供应来源，2022 年出口额超过 4300 亿元人民币，占中国出口额全部比重的 1.8%，贸易往来 232 个国家和地区。从海外国家出口的角度来看，中欧班列提供了优质、稳定的运输服务选择，带来的品牌效应能够极大提高相关国家、城市、产品在中国的知名度，带动了当地大产业快速发展。积极服务浙企浙商，成功开行中国邮政专列、吉利号、春力号茶叶、侨商号、环球义达号等企业定制化精品班列，助力"浙江制造"走出去，降低了企业生产成本，提升了产品国际竞争力。

（三）维护国际供应链安全稳定

浙江中欧班列的稳定开行，是对浙江外贸国际物流通道长期依赖江海港口的强有力补充，以其独特的物流优势、强大的运输体系，构建出一条全天候、大运量、绿色低碳的运输新通道，开创了浙江对外贸易运输新篇章。传统海运加陆运时间约为 45 天，义乌—马德里线路运输时间可缩短至 17 天。在 2021 年国际运价飙升期间，浙江中欧班列价格波动也远低于海运和空运，去往亚欧大陆中部和北部地区铁路运输的时长及价格优势更加明显，保障了国际运输通道畅通。

（四）促进沿线国家交流合作

铸成了沿线国家互利共赢的桥梁纽带。新冠疫情期间，不仅为浙江省外贸提供有力运输保障，也为"一带一路"共建国家抗击疫情、保障民生、恢复经济注入新动力。2021 年开行全国首趟中欧班列防疫物资专列，为驰援波兰和欧洲防疫急需补充物资提供"生命通道"。2021—2022 年累计运输防疫物资超 10500 万件、950 吨。增进了中外文化沟通与交流。通过浙江中欧班列的运行，西班牙首府马德里，集装箱换装地伊伦、布列斯特，历史悠久的城市华沙、莫斯科、明斯克、阿斯塔纳都更多地出现在了浙江人民日常生活的交谈之中，来自西班牙的红酒与天然气泡水成了浙江广为人知的热销产品，中国人民也不断从媒体上看到相关城市的报道，所在国家的习俗文化也更多为国人所了解。推动了沿线国家基础设施共建。在促进投资及基础设施联通方面，中欧班列重新激活了两座亚欧大陆桥，使得沿线国家铁路之间真正由"联"到"通"，发挥了相关已有基础设施的价值，显著提高了沿线铁路的使用率，为当事国家铁路部门带来了直接收入，体现了中欧在"一带一路"共建国家开展铁路基础设施合作的巨大潜力与空间。

三、经验启示

浙江中欧班列的发展离不开国家和地方政府的大力支持，通过政策保障、共建合作机制、信息联通和服务网络的不断创新和完善，实现了市场化、高质量、可持续的发展，有力推动了沿线国家基础设施共建和产业纽带的强化，有力促进了双循环经济发展，生动展现了"地瓜经济"在全球价值链中的延展与深化。

（一）政策是根本保障

浙江中欧班列从无到有的发展，得益于浙江的市场需求旺盛、货源充足，更得益于国家领导人的高度重视和浙江省委、省政府的大力支持。加强政策沟通、设施联通、贸易畅通、资金融通、民心相通，政策是第一条。中欧班列相关的政府主管部门、海关、铁路、运营主体、银行、保险公司和企业，相互间只有充分开展沟通和合作，才能深化务实合作，扩大产业链、完善供应链。

（二）共建是重要前提

共建合作机制，加强国内中欧班列运输协调委员会，强化全国统筹，进一步推动浙江中欧班列高质量、市场化、可持续发展。共建信息联通，海关与铁路部门互联共享物流数据，为企业提供信息服务和物流货源跟踪，为政府部门提供业务运行监测、政策兑现支持、绩效评估体系。共建服务网络。设立物流分拨中心、海外仓和物流园，构建货物境外物流分拨网络，提升"一站式"全程供应链物流服务能力。共建产业纽带。支撑本土小商品、汽车产业、五金产业、光伏产业、跨境电子商务和转口贸易快速发展、抱团发展。

（三）创新是核心动力

浙江中欧班列是目前全国唯一由民营企业经营的中欧班列。创新运营模式，遵循市场规律，注重客户体验，坚持降本增效，提升市场化程度。以货源地为依托，发展口岸型、物流型特色枢纽。创新运输方式。创新海铁联运，减少铁铁中转时间，节约运输成本，提高"中国制造"国际货运通达性。创新产品经营。推动中欧班列产品服务多元化，打造定制化精品班列，探索开行中国邮政专列、吉利号、春力号茶叶专列、侨商号、环球义达号班列等，满足亚欧沿线国家多元化、个性化、精细化的市场需求。

参 考 文 献

［1］习近平.干在实处 走在前列——推进浙江新发展的思考与实践［M］.北京：中共中央党校出版社，2013.

［2］习近平.之江新语［M］.杭州：浙江人民出版社，北京：人民出版社，2013.

［3］习近平.习近平谈治国理政（第四卷）［M］.北京：外文出版社，2022.

［4］习近平.习近平著作选读（第一卷）［M］.北京：人民出版社，2023.

［5］习近平.习近平著作选读（第二卷）［M］.北京：人民出版社，2023.

［6］习近平.中国发展新起点 全球增长新蓝图——在二十国集团工商峰会开幕式上的主旨演讲［N］.人民日报，2016-9-4.

［7］习近平.正确认识和把握中长期经济社会发展重大问题［J］.求是，2021（2）：4-10.

［8］习近平.当前经济工作的几个重大问题［J］.求是，2023（4）：4-9.

［9］习近平.坚持构建中美新型大国关系正确方向 促进亚太地区和世界和平稳定发展［N］.新华社，2015-9-22.

［10］习近平.国家中长期经济社会发展战略若干重大问题［J］.

求是，2020（21）：4-10.

［11］习近平.高举中国特色社会主义伟大旗帜 为全面建设社会主义现代化国家而团结奋斗——在中国共产党第二十次全国代表大会上的报告［N］.人民日报，2022-10-26.

［12］习近平.深入实施新时代人才强国战略 加快建设世界重要人才中心和创新高地［J］.求是，2021（24）：4-15.

［13］习近平.把握新发展阶段，贯彻新发展理念，构建新发展格局［J］.求是，2021（9）：4-18.

［14］习近平在中共中央政治局第二次集体学习时强调 加快构建新发展格局 增强发展的安全性主动权［N］.人民日报，2023-2-2.

［15］习近平在京津冀三省市考察并主持召开京津冀协同发展座谈会时强调 稳扎稳打勇于担当敢于创新善作善成 推动京津冀协同发展取得新的更大进展 韩正陪同考察并出席座谈会［N］.人民日报，2019-1-19.

［16］习近平在看望参加政协会议的民建工商联界委员时强调 正确引导民营经济健康发展高质量发展［N］.人民日报，2023-3-7.

［17］习近平在浙江考察时强调：统筹推进疫情防控和经济社会发展工作 奋力实现今年经济社会发展目标任务［N］.人民日报，2020-4-2.

［18］习近平向2023年中国国际服务贸易交易会全球服务贸易峰会发表视频致辞［N］.人民日报，2023-9-3.

［19］习近平会见多国领导人［N］.人民日报（海外版），2017-5-14.

［20］习近平就深入推进自由贸易试验区建设作出重要指示强调 勇做开拓进取攻坚克难先锋 努力建设更高水平自贸试验区［N］.

人民日报，2023-9-27.

[21] 王文涛.努力建设更高水平自贸试验区[N].人民日报，2023-11-6.

[22] 王安建、王春辉.国际动荡局势对我国能源资源安全的挑战与应对策略[J].中国科学院院刊，2023（1）：72-80.

[23] 中央党校采访实录编辑室.习近平在浙江（上）[M].北京：中共中央党校出版社，2021.

[24] 中央党校采访实录编辑室.习近平在浙江（下）[M].北京：中共中央党校出版社，2021.

[25] 文献.人才引领驱动高质量发展[N].人民日报，2023-10-18.

[26] 邓小平.邓小平文选（第二卷）[M].北京：人民出版社，1994.

[27] 本书编写组.《中共中央关于制定国民经济和社会发展第十四个五年规划和二〇三五年远景目标的建议》辅导读本[M].北京：人民出版社，2020.

[28] 本书编写组.干在实处 勇立潮头——习近平浙江足迹[M].杭州：浙江人民出版社，北京：人民出版社，2022.

[29] 本报记者.聚天下英才而用之——党的十八大以来我国人才事业创新发展综述[N].人民日报，2021-9-28.

[30] 本报评论员.在深化改革扩大开放上续写新篇——三论学习贯彻习近平总书记考察浙江重要讲话精神[N].浙江日报，2023-10-1.

[31] 本报评论员.加快建设国家战略人才力量——论学习贯彻习近平总书记中央人才工作会议重要讲话[N].人民日报，2021-10-2.

[32] 田郁溟、琚宜太、周尚国.我国战略矿产资源安全保障若干问题的思考[J].地质与勘探，2022（1）：217-228.

［33］边江泽、余湄.资本市场制度型开放推动构建新发展格局［J］.时代金融，2023（7）：71-75.

［34］光明日报调研组.小商品闯出大市场做成大产业——浙江省义乌市以改革创新培育发展新动能的生动实践［N］.光明日报，2024-2-9.

［35］邹其君."双循环"新格局下跨境电商与商贸流通产业集群协同发展研究［J］.物流科技.2023，46（16）：16-18.

［36］张明华.共建"一带一路"推动合作共赢［N］.光明日报，2018-9-11.

［37］国务院.关于推进自由贸易试验区贸易投资便利化改革创新的若干措施，2021-9-3.

［38］国务院发展研究中心对外经济研究部、中国信息通信研究院.数字贸易发展与合作报告2022［R］，2022-9-1.

［39］易炼红.永不满足 勇立潮头 全面打造一流营商环境升级版［J］.政策瞭望，2023（5）：4-9.

［40］易炼红.永葆锐气 永争一流 奋力打造高能级开放大省［J］.政策瞭望，2023（7）：11-16.

［41］易炼红.加快建设数字经济高质量发展强省［J］.政策瞭望，2023（4）：4-9.

［42］周咏南、应建勇、毛传来.一步一履总关情——习近平总书记在浙江考察纪实［N］.浙江日报，2015-5-30.

［43］拜喆喆.越是形势复杂，越要主动开放［N］.浙江日报，2023-5-30.

［44］哲欣.在更大的空间内实现更大发展［N］.浙江日报，2004-8-10.

［45］浙江省习近平新时代中国特色社会主义思想研究中心．习近平新时代中国特色社会主义思想在浙江的萌发与实践［M］．杭州：浙江人民出版社，2022．

［46］浙江省统计局课题组，吴胜丰、李鑫等．营商环境持续改善 优化提升仍有可为——浙江营商环境企业满意度调查分析［J］．统计科学与实践，2023（5）：7-11．

［47］《党的二十大报告辅导读本》编写组．党的二十大报告辅导读本［M］．北京：人民出版社，2022．

［48］崔卫杰．高质量实施自贸试验区提升战略［J］．国际经济合作，2023（4）：1-32．

［49］新华社特约记者．书写新世纪海上丝绸之路新篇章——习近平总书记关心港口发展纪实［N］．人民日报，2017-7-6．